日本語能力試験
JLPT
공식 문제집 Ver2.0
N1

日本語能力試験

JLPT
공식 Ver2.0
문제집
N1

초판 1쇄 발행 2025년 6월 2일

지은이 국제교류기금·일본국제교류지원협회 문제제공
펴낸곳 (주)에스제이더블유인터내셔널
펴낸이 양홍걸 이시원

홈페이지 japan.siwonschool.com
주소 서울시 영등포구 영신로 166 시원스쿨
교재 구입 문의 02)2014-8151
고객센터 02)6409-0878

ISBN 979-11-6150-993-8 13730
Number 1-311111-26269920-06

이 책은 저작권법에 따라 보호받는 저작물이므로 무단복제와 무단전재를 금합니다. 이 책 내용의 전부 또는 일부를 이용하려면 반드시 저작권자와 ㈜에스제이더블유인터내셔널의 서면 동의를 받아야 합니다.

©2018 The Japan Foundation, and Japan Educational Exchanges and Services

목차

- JLPT(일본어 능력 시험)는 무엇일까요? 04
- JLPT(일본어 능력 시험) 인정 기준 08
- JLPT(일본어 능력 시험) 시험 과목과 문제 구성 09
- JLPT(일본어 능력 시험) 득점 구분과 결과 통지 10
- JLPT N1 시험 접수 및 결과 확인 11

- 이 책의 구성과 활용법 12

- 모의고사편(1회분) 13
- 정답 및 해설편 65

부가자료
- 청해 워크북 145

JLPT(일본어 능력 시험)는 무엇일까요?

✓ JLPT(일본어 능력 시험)의 목적과 주최

JLPT(日本語能力試験 : 일본어 능력 시험)은 일본어를 모국어로 하지 않는 사람들의 일본어 능력을 측정, 인정하는 것을 목적으로 하여, 1984년에 국제교류기금과 현·일본국제교육지원협회가 개시하였다.

✓ JLPT(일본어 능력 시험) 실시국 수와 연간 실시 횟수

JLPT는 1984년 초년도에는 전세계에서 약 7,000명이 응시하였으나, 2024년에는 96개의 나라·지역에서 1,470,989명이 응시하는 시험이 되었다.

▸ 일본어 능력시험 응시자 수 추이

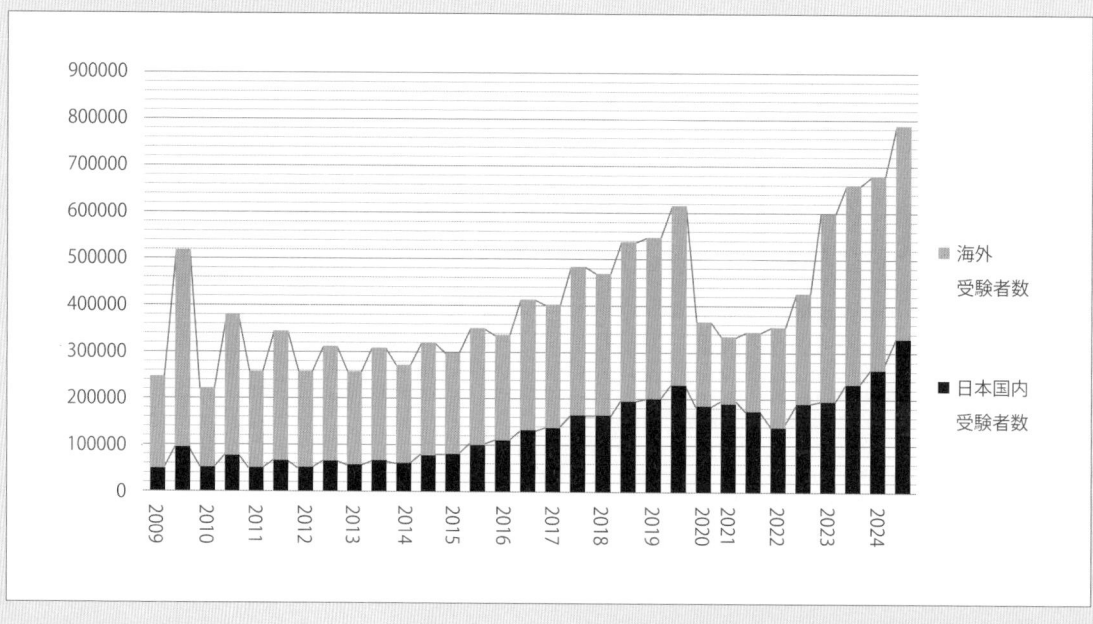

(자료 출처 : JLPT 홈페이지 통계 데이터에서)

✅ JLPT(일본어 능력 시험)의 장점

1️⃣ 일본 출입국 관리상 우대 조치를 받기 위한 포인트 부여

'고도 인재에 대한 포인트 제도에 의한 출입국 관리상 우대조치'에 있어서 JLPT N1 합격자는 15점, N2 합격자는 10점의 가산점을 받을 수 있습니다. 출입국 포인트 합계가 70점 이상일 경우, 출입국 관리상 우대조치를 받을 수 있다.

2️⃣ 일본 국가시험 수험 시 조건 중 하나

외국인이 일본 국가시험을 수험하는 조건 중 하나로, JLPT N1이 필요합니다. JLPT N1 인증이 필요한 일본의 국가시험은 의사 국가시험 등 20여개에 다다른다.

3️⃣ 일본 준간호사 시험 수험을 위한 조건

해외에서 간호사학교 양성소를 졸업한 사람이 일본 준간호사 시험을 수험하기 위해서는 JLPT N1 인정이 필요하다.

4️⃣ 일본 중학교 졸업정도 인정 시험에서 일부 시험과목 면제

외국 국적인 수험생의 경우, JLPT(일본어 능력시험) N1이나 N2 합격자는 일본어 시험이 면제된다.

5️⃣ EPA(경제연계협정)를 토대로 하는 간호사, 개호복지사 후보자 선정 조건 중 하나

EPA(경제연계협정)를 토대로 인도네시아, 필리핀, 베트남의 간호사, 개호복지사 후보자는 JLPT N5(필리핀)와 N4(인도네시아), N3(베트남) 이상의 인정이 필요하다.

JLPT(일본어 능력 시험) 4개의 특징

point 1

'과제 수행'을 위한 언어 커뮤니케이션 능력을 측정

JLPT는 일본어의 단어나 문법을 얼마나 알고 있는가, 뿐만이 아니라 커뮤니케이션에서 알고 있는 지식을 이용하여 과제를 수행할 수 있는가를 중요시하고 있다.

우리들이 생활 속에서 행하고 있는 다양한 '과제' 중에서 언어를 필요로 하는 것을 수행하려면, 언어지식 뿐만이 아니고, 그것을 실제로 이용하는 힘이 필요하기 때문이다. 따라서, JLPT(일본어 능력 시험)에서는 '언어지식'을 측정하기 위한 독해와 청해라는 요소를 시험에 더해, 종합적인 일본어 커뮤니케이션 능력을 측정하고 있다.

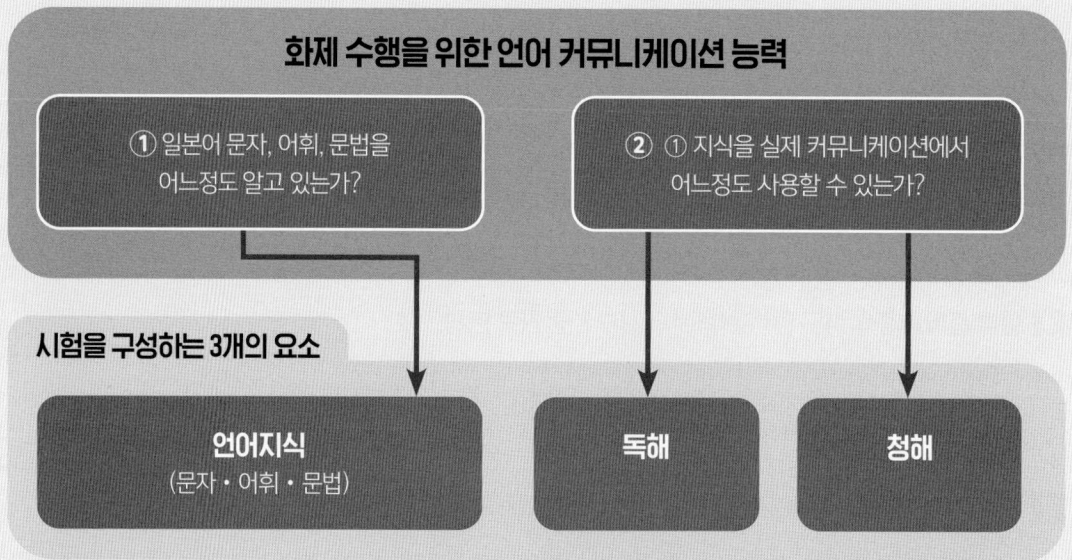

point 2

'5개'의 레벨에서 자신에게 맞는 레벨을 선택

JLPT에는 5단계(N1, N2, N3, N4, N5) 레벨이 있다. 가능한 정확하게 일본어 능력을 측정하기 위해, 시험 문제도 레벨별로 다르게 만들어져 있다.

point 3
'척도 득점'으로 일본어 능력을 보다 정확하게 측정

다른 시기에 실시되는 시험의 난이도를 완전히 동일하게 유지하는 것은, 시험 문제 작성 시에 전문가가 면밀하게 분석·검토하는 과정을 거쳐도 상당히 곤란하다. 그래서, 단순히 문제의 배점을 계산하여 더해가는 방식을 이용할 경우, 동일한 학습자라도 시험 때마다 다른 점수가 나올 가능성이 발생한다. 이러한 문제점에 대해, 보다 공평하게 대응하기 위해 공통의 척도를 토대로 표시한 '척도 득점'을 이용하는 것으로, 항상 동일한 기준 하에서 일본어 능력을 측정하고 있다.

point 4
전문가와 합격자의 평가에 의한 'Can-do 리스트' 제공

JLPT 시험으로 무엇을 할 수 있는지 알기 어렵다. 그래서, JLPT 시험 결과를 해석하기 위한 참고 자료로서 '일본어 능력 시험 합격자와 전문가의 평가에 의한 레벨별 Can-do리스트'를 제공하고 있다. 이 리스트는 2010년과 2011년 일본어 능력 시험 응시자, 약 65,000명를 대상으로 "일본어로 어떠한 것을 할 수 있다고 생각하는가?"에 관한 설문 조사를 실시하여 그 결과를 통계적으로 분석한 데이터로 작성하였으며, "합격자가 일본어를 사용해서 어떤 것을 할 수 있는가?"라는 이미지를 만들기 위한 참고 자료로 활용할 수 있다.

▷ Can-do 리스트 '듣는다' 예시

		N1	N2	N3	N4	N5
1	政治や経済などについてのテレビのニュースを見て、要点が理解できる。					
2	最近メディアで話題になっていることについての会話で、だいたいの内容が理解できる。					
3	フォーマルな場(例：歓迎会)でのスピーチを聞いて、だいたいの内容が理解できる。					
4	思いがけない出来事(例：事故など)についてのアナウンスを聞いてだいたい理解できる。					
5	仕事や専門に関する問い合わせを聞いて、内容が理解できる。					
6	関心あるテーマの講義や講演を聞いて、だいたいの内容が理解できる。					

JLPT(일본어 능력 시험) 인정 기준

JLPT(일본어 능력 시험)은 N1, N2, N3, N4, N5 총 5개의 레벨이 있으며, 제일 어려운 시험은 N1, 제일 쉬운 시험이 N5이다.

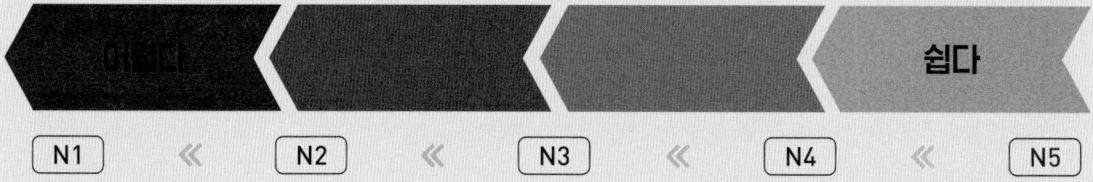

각 레벨의 인정 기준은 [읽는 것] [듣는 것]이라는 언어행동으로 나타낸다. [읽는 것]에는 문자 어휘, 문법 등의 언어지식과 독해가 필요하다.

読む : 읽는다
- 언어지식(문자・어휘・문법)
- 독해

聞く : 듣는다
- 청해

JLPT(일본어 능력 시험) N1~N5의 인정 기준은 다음과 같다.

N1	폭 넓은 장면에서 사용되는 일본어를 이해할 수 있다.
読む	▸ 폭 넓은 화제에 대하여 쓰여진 신문 논설, 평론 등, 논리적으로 조금 복잡한 문장이나 추상도가 높은 문장 등을 읽고, 문장의 구성이나 내용을 이해할 수 있다. ▸ 다양한 화제의 내용에 깊이가 있는 것을 읽고, 이야기의 흐름이나 상세한 표현 의도를 이해할 수 있다.
聞く	▸ 폭 넓은 장면에 있어서 자연스러운 속도의 정리가 된 화제나 뉴스, 강의를 듣고, 이야기의 흐름이나 내용, 등장 인물의 관계나 내용의 논리구성 등을 상세하게 이해하거나 요지를 파악할 수 있다.
N2	일상 적인 장면에서 사용되는 일본어의 이해에 더해, 보다 폭 넓은 장면에서 사용되는 일본어를 어느 정도 이해할 수 있다.
N3	일상적인 장면에서 사용되는 일본어를 어느 정도 이해할 수 있다.
N4	기본적인 일본어를 이해할 수 있다.
N5	기본적인 일본어를 어느 정도 이해할 수 있다.

JLPT(일본어 능력 시험) 시험 과목과 문제 구성

JLPT(일본어 능력시험) 과목은 크게 언어지식과 청해로 나뉘며, 시험 과목과 시험 시간은 다음과 같다.

레벨	시험 과목<시험 시간>		청해
N1	언어지식(문자, 어휘, 문법) · 독해 <110분>		청해 <55분>
N2	언어지식(문자, 어휘, 문법) · 독해 <105분>		청해 <50분>
N3	언어지식(문자, 어휘) <30분>	언어지식(문법) · 독해 <70분>	청해 <40분>
N4	언어지식(문자, 어휘) <25분>	언어지식(문법) · 독해 <55분>	청해 <35분>
N5	언어지식(문자, 어휘) <20분>	언어지식(문법) · 독해 <40분>	청해 <30분>

※ 시험 시간은 변경될 수 있으며, <청해>는 시험 문제 녹음 길이에 따라 시험 시간이 다소 바뀐다.

JLPT(일본어 능력시험) N1의 문제 구성은 다음과 같다.

언어지식 독해	문자·어휘	한자 읽기	0~60점
		문맥 규정	
		유의어	
		용법	
	문법	문법 형식의 판단	
		문장 만들기	
		글의 문법	
	독해	내용 이해(단문)	0~60점
		내용 이해(중문)	
		내용 이해(장문)	
		통합 이해	
		주장 이해(장문)	
		정보 검색	
청해		화제 이해	0~60점
		포인트 이해	
		개요 이해	
		즉시 응답	
		통합 이해	

JLPT(일본어 능력 시험) 득점 구분과 결과 판정

✓ 득점 구분

시험 결과는 득점 구분과 득점 범위에 따라 결정된다. N1의 득점 구분은 언어지식(문자, 어휘, 문법), 독해, 청해의 3구분이다.

레벨	득점 구분	득점 범위
N1	언어지식(문자·어휘·문법)	0~60
	독해	0~60
	청해	0~60
	종합 득점	0~180

✓ 결과 판정

합격하려면, ① 종합 득점이 합격에 필요한 점수(합격점) 이상일 것, ② 각 득점 구분 득점이 구분마다 설정되어 있는 합격에 필요한 점수(기준점) 이상일 것, 이라는 2가지가 필요하다. 이 중 하나라도 기준점에 달하지 않는 득점 구분이 있는 경우에는 아무리 종합 점수가 높아도 불합격으로 판정된다.

또한, 3개의 득점 구분 중, 하나라도 수험하지 않은 과목이 있는 경우에는 불합격 판정된다.

✓ 결과 통지

레벨 별로 합격과 불합격을 판정하여, 합격자에게는 일본어능력인정서를 발송한다. 2005년 이후에 일본 국내 시험에서 합격한 사람과, 2012년 이후에 한국, 대만, 중국에서 시험을 본 합격자의 인증서에는 사진이 게재되어 있다. 또한, 일본 국내에서 시험을 본 경우에는 합격 불합격 통지서를 발송하며, 일본 이외의 해외에서 시험을 본 경우에는 2014년부터 합격 불합격 통지서 대신에, 전원이 일본어 능력시험 인정 결과 및 성적에 관한 증명서를 받을 수 있다.

✓ JLPT N1 시험 접수 및 결과 확인

- JLPT 시험 실시 지역

서울권	서울, 인천, 수원, 성남, 안양, 고양, 부천, 천안, 청주, 대전, 전주, 광주, 춘천, 원주
부산권	부산, 김해, 대구, 구미, 창원, 진주, 울산, 포항
제주권	제주

- 접수 기간 및 시험일, 성적 발표 일정

	접수 기간	시험일	성적 발표
해당 연도 1회 시험	4월 초	7월 첫 번째 일요일	8월 말
해당 연도 2회 시험	9월 초	12월 첫 번째 일요일	(다음 해) 1월 말

※ 일반 접수 기간이 끝난 후, 추가 접수 기간이 있다(변동 가능성 있음).

- 접수 방법
  ① 온라인 접수 : JLPT 한국 홈페이지(https://www.jlpt.or.kr/html/intro.html)에서 접수한다.
  ② 우편 접수 : 우편접수 신청서(JLPT 한국 홈페이지에서 서식 다운)에 기입 후, 증명사진 1매, 수험료와 함께 등기 우편으로 발송한다(단, 수험장 선택 불가).
  ※ 추가 접수는 온라인 접수만 가능하다.

- 접수 준비물
  사진(여권사진 규격 3.5*4.5cm) 1매, 수험료

- 시험 준비물
  수험표(온라인 접수자는 홈페이지에서 직접 출력), 규정 신분증, 필기구, 시계

- 시험 시간 (2025년부터 시험 시간 변경)
  ① N1, N2 : 9:40분까지 입실
  ② N3, N4, N5 : 13:40분까지 입실

- 결과 확인
  ① JLPT 한국 홈페이지에서 직접 확인(1회 시험은 8월말, 2회 시험은 다음 해 1월 말)
  ② 우편으로 수령 : 1회 시험은 10월초, 2회 시험은 다음 해 3월 초에 성적 증명서가 발송된다.

이 책의 구성과 특징

문제

❶ 시험 전 준비물 체크

실제 시험과 같은 환경에서 응시할 수 있도록, 해답 용지와 필기도구, 청해 음성 등 테스트 전 필요한 것을 점검할 수 있도록 하였습니다.

❷ 다양한 청해 MP3 파일로 실전 감각 끌어 올리기

기본 버전, 고사장 소음 버전, 1.2배속 버전의 다양한 무료 MP3를 제공합니다. 복습에도 활용해 주세요.

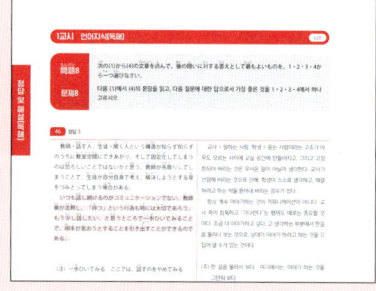

해설

❸ 친절하고 자세한 해설집 수록

모든 문제에 상세하고 전략적인 해설과 오답의 근거까지 제시하여 확실하게 이해하고 넘어갈 수 있습니다.

청해 워크북

❹ 고득점이 보이는 청해 워크북

실력 향상을 위한 청해 워크북을 제공합니다. 반복적인 훈련을 통해 고득점에 대비할 수 있습니다.

JLPT 공식문제집 Ver2.0
N1 모의고사
문제집

1교시 언어지식(문자·어휘·문법)·독해
2교시 청해

테스트 전 확인 사항
☐ 해답 용지 준비하셨나요?   ☐ 연필과 지우개 챙기셨나요?   ☐ 청해 음성 들을 준비하셨나요?

청해 일반 버전 전체 음성 MP3

청해 고사장 버전 전체 음성 MP3

청해 배속 버전 전체 음성 MP3

MP3 음원은 시원스쿨 홈페이지(Japan.siwonschool.com) > 학습지원센터 > 공부 자료실에서도 무료 다운로드 가능합니다.

시험 시간: 1교시 110분 | 2교시 55분

목표 점수:	점			
시작 시간:	시	분 ~ 종료 시간:	시	분

Language Knowledge (Vocabulary/Grammar) • Reading

問題用紙

N1
言語知識(文字・語彙・文法)・読解
(110分)

注意 Notes

1. 試験が始まるまで、この問題用紙を開けないでください。
   Do not open this question booklet until the test begins.

2. この問題用紙を持って帰ることはできません。
   Do not take this question booklet with you after the test.

3. 受験番号と名前を下の欄に、受験票と同じように書いてください。
   Write your examinee registration number and name clearly in each box below as written on your test voucher.

4. この問題用紙は、全部で31ページあります。
   This question booklet has 31 pages.

5. 問題には解答番号の 1 、 2 、 3 … が付いています。
   解答は、解答用紙にある同じ番号のところにマークしてください。
   One of the row numbers 1 , 2 , 3 …is given for each question.
   Mark your answer in the same row of the answer sheet.

受験番号 Examinee Registration Number

名前 Name

問題 1 ＿＿＿＿の言葉の読み方として最もよいものを、1・2・3・4から一つ選びなさい。

① 社会活動に参加することで、人脈を広げることができた。

1　じんみゃく　　2　じんまく　　3　にんみゃく　　4　にんまく

② 鈴木（すずき）さんは指摘がいつも的確で、本当に賢い人だと思う。

1　するどい　　2　かしこい　　3　すごい　　4　えらい

③ 文化の違いが食生活に顕著に現れている。

1　げんちょ　　2　けんしょ　　3　けんちょ　　4　げんしょ

④ 相談の内容は多岐にわたった。

1　たき　　2　たじ　　3　たぎ　　4　たし

⑤ その風習は、今はもう廃れてしまった。

1　くずれて　　2　かすれて　　3　つぶれて　　4　すたれて

⑥ 家賃の相場は地域によって違う。

1　あいば　　2　そうば　　3　あいじょう　　4　そうじょう

問題2 （　　）に入れるのに最もよいものを、1・2・3・4から一つ選びなさい。

[7] 私はこの土地で定職に就き、生活の（　　）を築いた。

1　根拠　　　　2　基盤　　　　3　根源　　　　4　基地

[8] 議論は難航すると思ったが、すぐに意見がまとまり、（　　）結論が出た。

1　すんなり　　2　うっとり　　3　ふんわり　　4　こっそり

[9] さっき駅前で佐藤さんを（　　）んですが、今、海外にいるはずなのに変ですね。

1　見合わせた　2　見過ごした　3　見かけた　　4　見違えた

[10] 市長の責任ある行動が住民の不安を（　　）し、行政に対する期待が一気に高まった。

1　一掃　　　　2　追放　　　　3　削除　　　　4　排出

[11] 十分に煮た野菜は味が（　　）柔らかく、とてもおいしかった。

1　溶けて　　　2　染みて　　　3　潤って　　　4　沈んで

[12] このテーブルは私が子どものころから使っているので、（　　）があって捨てられない。

1　心情　　　　2　好感　　　　3　熱意　　　　4　愛着

[13] 現社長は創立者から経営の（　　）を学んだ。

1　データベース　2　ベテラン　　3　ライフワーク　4　ノウハウ

問題3 ＿＿＿の言葉に意味が最も近いものを、1・2・3・4から一つ選びなさい。

14 高橋(たかはし)さんには<u>かねがね</u>お会いしたいと思っていました。

1　直接　　　2　ぜひ　　　3　早く　　　4　以前から

15 林(はやし)さんはそれを<u>故意に</u>捨てたらしい。

1　わざと　　2　うっかり　3　いやいや　4　さっさと

16 昨日、鈴木(すずき)さんに<u>おわびした</u>。

1　文句を言った　2　お礼を言った　3　断った　4　謝った

17 中村(なかむら)さんの言葉からは強い<u>意気込み</u>が伝わってくる。

1　敬意　　　2　自信　　　3　意欲　　　4　信頼

18 妹は少し<u>おびえて</u>いるようだった。

1　焦って　　2　怖がって　3　悩んで　　4　悔やんで

19 私はその一言に<u>安堵(あんど)</u>した。

1　すっとした　2　はっとした　3　ほっとした　4　かっとした

問題4　次の言葉の使い方として最もよいものを、1・2・3・4から一つ選びなさい。

[20] 閑静

1　そのレストランは繁華街から外れた閑静な場所にある。
2　今日は朝から具合が悪かったので、会社を休んで家で閑静にしていた。
3　用事が早く済み、閑静な時間ができたので、映画を見に行くことにした。
4　日中はにぎやかな公園だが、夜になると急に閑静になる。

[21] たやすい

1　弟は寝坊したらしく、たやすい物だけ食べて、慌てて出かけていった。
2　伊藤氏とは大学時代からの親友で、本音が言えるたやすい関係だ。
3　せっかくの日曜日だから、ゆっくり休んでたやすく過ごそうと思う。
4　この問題は想像以上に複雑で、たやすく解決できるものではなかった。

[22] 察する

1　医師たちはチームを組み、意見を出し合って、最良の治療法を察した。
2　気象予報士はテレビの天気予報で、来週の気温の変化を察し始めた。
3　鈴木さんは、私が何も言わなくても、私の気持ちを察して慰めてくれた。
4　外を歩いていたら急にいいアイディアを察したので、手帳にメモをした。

[23] 内訳

1　来週の内訳を確認したが、予定がないのは木曜の夜だけだ。
2　前回の出張費の内訳を見たら、交通費の割合が予想外に高かった。
3　司会者は進行を間違えないように、式の内訳を何度も見直した。
4　家族の健康のため、栄養の内訳を考えて食事を作っている。

24　食い違う

1　この事件は、複数の目撃者の話がそれぞれ食い違っており、不明な点が多い。
2　金庫を開けようと思ったが、どの鍵も食い違って開けられなかった。
3　何だか歩きにくいと思ったら、サンダルの左右が食い違っていた。
4　調味料を変えたのか、この料理はいつもと味が食い違っているように感じる。

25　過密

1　雑誌で紹介されてから、この商品への過密な注文が続いているらしい。
2　水質汚染に関して人々の抗議が過密になり、政府は対策を迫られている。
3　今回の出張は過密なスケジュールで、ゆっくり食事する時間もなさそうだ。
4　春になると、この池の周りには、色とりどりの花が過密に咲き乱れる。

問題5　次の文の(　　)に入れるのに最もよいものを、1・2・3・4から一つ選びなさい。

26　朝の満員電車。車内の混雑を（　　）、私の目の前に座っている学生風の男は、平然とノートパソコンを広げて、作業に没頭していた。

1　含めて　　　2　もとに　　　3　除いて　　　4　よそに

27　私の父は、（　　）もしないで漫画を批判するから、本当に嫌になる。

1　読まない　　2　読み　　　3　読もう　　　4　読んで

28　(卒業生へのインタビューで)

聞き手「学生時代にやったことで、今の仕事に役立っていることは何でしょうか。」
田中「ラグビー部での経験ですね。チームワークの大切さを痛感しました。（　　）、それは去年企画チームのリーダーになって初めて気づいたことですが。」

1　要するに　　2　あるいは　　3　もっとも　　4　ついては

29　村の郷土史をまとめるにあたり、今年９０歳になる元村長の東山さんにお話を伺った。村に初めて汽車が走ったときのことを鮮明に覚えて（　　）、その記憶力に驚いた。

1　おいでになり　2　差し上げ　　3　まいり　　　4　申し上げ

30　(求人サイトの「よくある質問」で)

Q：インテリアに関する知識がないのですが、働けますか。
A：研修があるので大丈夫です。知識はある（　　）が、それよりも人柄や仕事に取り組む姿勢を重視しています。

1　にすぎません　　　　　　　2　ことは否めません
3　に越したことはありません　　4　といっても過言ではありません

31 (お知らせで)
水道管破裂による断水のため、８月１２日まで市民プールの営業を休止します。復旧状況（　　）、営業再開が遅れる可能性がありますので、ご了承ください。

1　次第には　　　2　次第に　　　3　次第では　　　4　次第

32 クレジットカードの番号等、他人に（　　）困る情報は、電子メールには書かないほうがいいそうだ。

1　知っていても　　　　　　2　知っていなくても
3　知らなくては　　　　　　4　知られては

33 仕事は、決められた時間内に、いかに成果を上げるかが大切であり、単に時間をかけて（　　）と私は思う。

1　がんばることだといってもおかしくない
2　がんばればいいというものではない
3　がんばることでしかない
4　がんばりようがない

34 現在、潜水調査船を用いた調査研究が進展中であり、いずれ近いうちに海底のより詳細な地質構造が明らかに（　　）。

1　なるものと思われる　　　2　するという思いがある
3　なったかに思える　　　　4　するだろうと思う

35 山下「あのう、西村先輩。私、今日でこのサークルを（　　）。」
西村「ええ？ 辞める？ 急にどうして？」

1　辞めてしまわれたのでしょうか　　2　辞めてしまったのかと思って
3　辞めさせたらどうでしょうか　　　4　辞めさせてもらおうかと思って

問題6　次の文の　★　に入る最もよいものを、1・2・3・4から一つ選びなさい。

(問題例)

あそこで ＿＿＿ ＿＿＿ ★ ＿＿＿は山田さんです。

1　テレビ　　　2　見ている　　　3　を　　　　4　人

(解答のしかた)

1. 正しい文はこうです。

| あそこで ＿＿＿ ＿＿＿ ★ ＿＿＿は山田さんです。 |
| 1 テレビ　3 を　2 見ている　4 人 |

2. ★ に入る番号を解答用紙にマークします。

(解答用紙)　(例)　①　●　③　④

36　「アセビ」という、白い花を咲かせる樹木を漢字で「馬酔木」と書くのは、アセビには　★ ＿＿＿ ＿＿＿ ＿＿＿ そうです。

1　由来する　　　　　　　　　2　有毒成分があり
3　状態になることに　　　　　4　馬が食べると酔ったような

37　家族の時間を大切にする夫は、つい ＿＿＿ ＿＿＿ ★ ＿＿＿ ありがたい存在です。

1　本当に大切なものは何なのか　　2　私に
3　仕事に夢中になりすぎる　　　　4　気づかせてくれる

38 Z県知事の林和夫(はやしかずお)氏は、週刊誌で、脱税を行った ＿＿ ＿＿ ★ ＿＿ 異なり、名誉を傷つけられたとして、発行元のX社を相手取り訴訟を起こした。

1　事実とは全く　　　　　　2　疑いがあるなどと
3　報じられた　　　　　　　4　ことに対し

39 Q鉄道が１０年ぶりに運賃値上げに踏み切った。安全対策や原油の高騰で支出が増え、経営努力だけでは対応しきれないと判断 ＿＿ ＿＿ ★ ＿＿ 。

1　という　　2　の　　3　ことだ　　4　して

40 世の中にはさまざまな資格があふれているが、資格を取った ＿＿ ＿＿ ＿＿ ★ 世間は甘くないらしい。

1　だけ　　　　　　　　　　2　ほど
3　で　　　　　　　　　　　4　希望の職につける

問題7　次の文章を読んで、文章全体の趣旨を踏まえて、| 41 |から、| 45 |の中に入る最もよいものを、1・2・3・4から一つ選びなさい。

以下は、小説家が書いたエッセイである。

十人十色

　マニュアルというものが、この世には存在する。機械を買った場合には、これを読む。書かれてある通りに動かないと困る。ビデオの再生ボタンを押したのに、録画が始まってはたまらない。ところが、生き物はそうはいかない。あちらに通用したことが、| 41 |。

　うちで、ねこを飼い始めた当座は、何も分からなかった。吐いたりすると、それだけでびっくりしてしまった。あわてて、ねこを飼っている人に電話した。一番にかけたところが留守だと、ますます、動揺する。結局、関西の知り合いにまでかけて、

　「心配ありませんよ。ねこは吐くものですよ」

　という言葉をいただき、やっと安心。こんな具合だった。

　さて、| 42 |時に、当然のことながら「ねこの飼い方」の本も読んだ。マニュアルである。なるほど——と思えることが書いてある。中でも納得したのが、| 43 |。

　——「動物にとって、用足ししている時は、最も無防備な状態です。襲われたら大ピンチ。その最中、人に近づかれることを、ねこはとても嫌います。飼い主は、離れるようにし、のびのびとした気分でさせてやりましょう」

　これは頷ける。そこで、ゆずが——うちのねこの名前はゆずという——そうする時は遠慮していた。

　| 44 |。朝、ねこトイレの砂をかきまわし、汚れ物を取り始めると、「ご苦労」というように、ゆずがやって来る。そして、まだトイレに手を入れているのに、「どけどけ」というように中に入ってくる。そして、足を踏ん張り、——行うのだ。これ見よがしに。

　あの説得力のあるマニュアルは、一体全体、何だったのか。なるほど、生きている物には個性があると、あらためて、| 45 |。

(北村薫『書かずにはいられない北村薫のエッセイ』新潮社による)

(注1)　用足ししている：大便や小便をしている
(注2)　無防備な状態：危険に備えていない様子
(注3)　ねこトイレ：箱の底に砂などを敷いた、ねこ用のトイレ
(注4)　これ見よがしに：自慢げに見せつけるように

|41|

1　こちらにはいえないこともない
2　こちらにいえるとは限らない
3　こちらにもいえるとは思わなかった
4　こちらにはいえないと思うのか

|42|

1　そういう　　　2　する　　　3　あの　　　4　やろうという

|43|

1　トイレのことだ　　　　　　2　トイレのことであるに違いない
3　トイレだからである　　　　4　トイレだと聞いている

|44|

1　もっともである　　　　　　2　当然である
3　ところがである　　　　　　4　例えばである

|45|

1　認識させられたことがある　　2　認識させられたおかげだ
3　認識させられる話があった　　4　認識させられる出来事だった

問題8 次の(1)から(4)の文章を読んで、後の問いに対する答えとして最もよいものを、1・2・3・4から一つ選びなさい。

(1)

　教師＝話す人、生徒＝聞く人という構造が知らず知らずのうちに教室空間にできあがり、そして固定化してしまうのは恐ろしいことではないかと思う。教師が先取りしてしまうことで、生徒が自分自身で考え、解決しようとする芽をつみとってしまう場合がある。

　いつも話し続けるのがコミュニケーションでない。教師側が沈黙し、「待つ」という行為も時には大切であろう。もう少し話したい、と思うところで一歩ひいてみる(注)ことで、相手が言おうとすることを引き出すことができるのである。

(徳井厚子『日本語教師の「衣」再考―多文化共生への課題』くろしお出版による)

(注) 一歩ひいてみる：ここでは、話すのをやめてみる

46　筆者の考えに合うのはどれか。

1　教師と生徒が自由に発言し合うことも必要だ。
2　教師は生徒の考えを想像するべきだ。
3　教師は生徒の発言を待つことも必要だ。
4　教師は生徒に沈黙の時間を与えないようにすべきだ。

(2)

以下は、ある市役所のホームページに掲載されたお知らせである。

2016年11月1日
スポーツ課

市民運動場の予約について

市民運動場の予約は、これまで管理事務所窓口で受け付けておりましたが、2017年2月1日よりインターネット上の予約システムでも行うことができるようになります。予約システムの利用は平日、土日祝日を問わず24時間可能で、予約は、窓口での予約と同様に、使用日の一か月前から受け付けます。
予約システムの利用に際しては、事前に利用者登録が必要となりますので、身分を証明できるものを持って管理事務所窓口にお越しください。

市民運動場管理事務所　〒002-3833 南松市中央町3-2　中央公園内
(受付時間：月曜日〜金曜日　9:00〜17:00)

47　市民運動場の予約について、このお知らせは何を知らせているか。

1　管理事務所窓口での予約受付期間が変更になること
2　管理事務所窓口で利用者登録をすれば、インターネット上で予約ができるようになること
3　インターネット上での予約受付時間がこれまでより長くなること
4　インターネット上の予約システムの導入により、管理事務所窓口での予約ができなくなること

(3)

　異文化間での対話を議論するときに、必ずといってよいくらい出てくるのが、価値観の理解と共有である。他者と対話を通して、人間関係を樹立していくには、自己の価値観を保存したままで、他者の価値観を理解するという方略だけでは十分ではない。相互的な働きかけを通じて、何か新たな価値を共有することが要求されるのである。すなわち、自らの価値観を相対化し、新たな価値を対話という共同作業を通して創り上げ、それを共有していく態度が必要なのだ。

(ARCLE編集委員会・田中茂範・アレン玉井光江・根岸雅史・吉田研作編著
『幼児から成人まで一貫した英語教育のための枠組み—ECF—English Curriculum Framework』
リーベル出版による)

48 筆者によると、異文化間で対話を通して人間関係を築く上で最も大切なことは何か。

1　自己の価値観を理解してもらおうとする態度
2　自己の価値観を保ちながら、他者の価値観を理解する態度
3　他者と自己の共通の価値観を創り上げていく態度
4　他者の価値観の中に自己の価値観との共通点を見つける態度

(4)

以下は、劇を作ることを仕事にしている人が書いた文章である。

> 僕は「変な人」です。そうでなければ、こんな仕事はしてません。そして僕は「普通の人」です。だからこそこの仕事が成立しています。
>
> 「特別なもの」を生み出そうとするとき、それがどんなふうに特別なのかを「普通」という視点から見極める必要があります。「特別」と「普通」、定規を何度も持ち替えるのです。そのために自分の中の普通さを死守するのです。
>
> （小林賢太郎『僕がコントや演劇のために考えていること』幻冬舎による）

49 この文章で筆者が述べていることは何か。

1 「普通」という視点がないと、「特別なもの」は作れない。
2 「普通の人」が普通のものを作ると、「特別なもの」になる。
3 「変な人」が普通のものを作ると、「特別なもの」になる。
4 「変な人」の視点でしか、「特別なもの」は作れない。

問題9　次の(1)から(3)の文章を読んで、後の問いに対する答えとして最もよいものを、1・2・3・4から一つ選びなさい。

(1)

　人に従順な飼い犬は、もともとオオカミの仲間を飼い馴らしたものである。(中略)
　ところが、「人間がオオカミを飼い馴らした」という話には謎が多い。犬が人間と暮らすようになったのは、15000年ほど前の旧石器時代のことであると推測されている。当時の人類にとって、肉食獣は恐るべき敵であった。そんな恐ろしい肉食獣を飼い馴らすという発想を当時の人類が持ち得たのだろうか。しかも犬を飼うということは、犬にエサをやらなければならない。わずかな食糧で暮らしていた人類に、犬を飼うほどの余裕があったのだろうか。また当時の人類は犬がいなくても、狩りをすることができた。犬を必要とする理由はなかったのである。
　最近の研究では、人間が犬を必要としたのではなく、犬の方から人間を求めて寄り添ってきたと考えられている。犬の祖先となったとされる弱いオオカミたちは、群れの中での順位が低く、食べ物も十分ではない。そこで、人間に近づき、食べ残しをあさるようになったのではないかと考えられているのである。
　弱いオオカミだけでは、狩りをすることができないが、人間の手助けをすることはできる。そして、やがて人間と犬とが共に狩りをするようになったと推察されている。こう考えると、当時、自然界の中で強い存在となりつつあった人間に寄り添うことは、犬にとって得なことが多かった。つまり、人間が犬を利用したのではなく、犬が人間を利用したかもしれないのである。

(稲垣栄洋『弱者の戦略』新潮社による)

[50] 謎が多いとあるが、謎に合うのはどれか。

1　犬ではなくオオカミを飼おうとしたこと
2　オオカミを肉食獣（にくしょくじゅう）だと思わなかったこと
3　恐ろしいオオカミを飼って利用しようと考えたこと
4　狩りの邪魔になるのに恐ろしいオオカミを飼おうとしたこと

[51] 筆者によると、どのようなオオカミが犬の祖先だと考えられるか。

1　人間から頼りにされたオオカミ
2　狩りの上手なオオカミ
3　群れから追い出されたオオカミ
4　群れの中で下位のオオカミ

[52] 犬の祖先が人間と暮らすようになったきっかけについて、筆者はどのように考えているか。

1　人間を利用して仲間からの危険を避けようとした。
2　人間に近づいて食糧を得ようとした。
3　人間が狩りの手助けをさせた。
4　人間がエサを与えた。

(2)

　子どもはこれから自分は大人になっていくのだから、自分はどうなるのだろうとそれは一所懸命に大人を観察している。その大人に魅力を感じれば、あんなふうになりたいと思うかもしれない。ほんのちょっとチャーミングなところを認めて、ああ失敗しても、どじばかりでもいいんだと思えることもあるかもしれない。あるいは、僕はあんな大人にはならないだろうけれど、あんなふうにするのもすてきだなと感じることもあるに違いない。とにかく子どもは、①そんなふうに常に大人を見ているのである。

　(中略)

　子どもはやがて大人になる。その大人に魅力がなかったら、それは自分に明日がないと言われているのと同じことだ。大人になってもつまらなそうだ、楽しいことがなさそうだと感じたら、君の未来はこの程度のものだとつきつけられているのと変わらない。②これほど子どもにとって不幸なことはない。

　大人はいつも子どもに見つめられている、子どもが自分を観察しているということを自覚していなければいけないと思う。わが身をつくろって、いいかっこするのではない。正直に失敗するのなら、子どもより上手に失敗してみせよう、傷つくなら子どもより上手に傷ついてみせよう。人生の先輩としてというより、現役の子どもに対してベテランの子どもとして、ベテランらしいところを見せてやろうじゃないか。そういう気概(注2)の大人がたくさんいれば、子どもたちはきっと大人の世界に魅力を見いだすに違いない。それが幸福な子どもの将来につながるのだと思う。

(大林宣彦『父の失恋　娘の結婚—べそっかきの幸福そうな顔』フレーベル館による)

(注1)　どじ：うっかりした失敗
(注2)　気概の：ここでは、強い気持ちを持った

53 ①そんなふうにとあるが、子どもはどんなふうに大人を見ているのか。

1　早く大人になりたいと思っている。
2　大人の姿から魅力的な部分を探している。
3　自分が失敗したときどうするか考えている。
4　あんな大人にはなりたくないと思っている。

54 ②これほど子どもにとって不幸なことはないとあるが、何が不幸なのか。

1　大人を見ても未来の自分に希望が持てないこと
2　大人を見てもすてきな大人になる自信が持てないこと
3　大人を見ても今何をしておけばいいか分からないこと
4　大人を見ても将来自分のしたいことが見つからないこと

55 筆者が大人に対して伝えたいことは何か。

1　人生の先輩らしく、いつもかっこいい大人でいよう。
2　ベテランの子どもとして、子どもを幸福な将来へ導いてあげよう。
3　子どもたちに、大人の魅力的な世界を教えよう。
4　子どもたちに、ベテランの子どもとしての行いを示そう。

(3)

　科学記者を始めた２０年ほど前、記者の訪問を歓迎しない科学者は、けっして珍しくなかった。「新聞記者との付き合いには何のメリットもなく、時間の無駄。記者と親しい科学者は、同僚からうさんくさい目で見られる。真理の探究に没頭する科学者が、記者なんていう世俗を相手にしては沽券(こけん)にかかわる(注1)」というわけだ。それが今は、まったく違う。科学者も、研究に税金を使うからには自分の仕事を積極的に世間に説明するのが当然だとみなされ、大学や研究所はメディア戦略を練るまでになった。変われば変わるものだ。

　(中略)

　科学者側の広報が巧みになればなるほど、科学ジャーナリズムは科学者集団のたんなる宣伝係で仕事をした気になってしまう恐れがある。

　「サイエンス」や英国の「ネイチャー」に載る科学者の論文を、どの新聞も毎週のように記事にして紹介している。その多くが、これらの論文誌の巧みな広報資料や研究者の記者発表をもとにしているのだが、これなどまさに、何を社会に伝えるかは自分で決めるというジャーナリズムの要(かなめ)(注2)を、科学者集団側になかば預けてしまっているのではないか。

　自分でネタ探しをするよりも、このほうがたしかに効率的なのだ。

　米国の科学ジャーナリズムの教科書には、科学者たちはマスメディアを自分たちの広報機関のようにとらえるものだと書いてある。科学ジャーナリズムは、広報戦略に長(た)けてきた(注3)科学者たちとどう付き合っていくべきか。その哲学と戦略を、こちら側も改めて肝(きも)に銘(めい)じて(注4)おかなければならない時代になった。

(YOMIURI ONLINE
<http://www.yomiuri.co.jp/column/science/20090513-OYT8T00319.htm>
２０１０年３月７日取得による)

(注1) 沽券(こけん)にかかわる：体面を損ねる
(注2) 要(かなめ)：最も大切な部分
(注3) 長(た)けてきた：上手になってきた
(注4) 肝(きも)に銘(めい)じて：忘れないように心にしっかりととどめて

[56] 変われば変わるものだとあるが、科学者はどのように変わったのか。

1 以前は記者を世俗的だと見ていたが、現在はメディアを信頼するようになった。
2 以前は記者と距離を置いていたが、現在は積極的にメディアとかかわるようになった。
3 以前は同僚の目を気にしていたが、現在は記者の目をより気にするようになった。
4 以前は自らメディア戦略を練っていたが、現在は記者の力を借りるようになった。

[57] 科学者との関係で、今のジャーナリズムにはどのような問題があるか。

1 科学者が望む論文を記事にしていない。
2 科学者が十分満足できる広報をしていない。
3 科学者から提供された情報をそのまま伝えている。
4 科学者から提供された情報を十分理解せずに報じている。

[58] この文章で筆者が最も言いたいことは何か。

1 科学者は、科学ジャーナリズムの立場をもっと理解すべきである。
2 科学者は、科学ジャーナリズムとの関係のあり方を改めて見直すべきである。
3 科学ジャーナリズムは、報道内容の決定にあたって主体的であるべきだ。
4 科学ジャーナリズムは、科学の価値を正しく認めてもらえるよう努めるべきだ。

問題10 次の文章を読んで、後の問いに対する答えとして最もよいものを、1・2・3・4から一つ選びなさい。

　暮らしの中で身近な木といえば、街路樹と公園の樹木、そして住宅の庭の木あたりでしょうか。いずれも毎日目にはしているものの、あらためて意識することは少ないと思います。でも、例えばこれがすべて枯れてしまったとしたらどうでしょう。なんとも寂しく、無味乾燥な、あるいは何か病気を連想させるようなイメージのまちになってしまうのではないでしょうか。また、昨今は、維持管理の面などから街路樹を植えないまちなどもあるようですが、一見近代的、未来都市的なイメージもしますが、うるおいややすらぎのないまちのようにも見えます。このようにまちの樹木は、実はとても大きな役割を持っています。

　では、この木々たちは、ただ植えるだけ、存在するだけでいいのでしょうか。そうではありません。そこに意味や意義がなければならないのです。わかりやすく言うと、街路樹の樹種(注1)を何にするかというようなことです。その土地の植生を踏まえ、その上に歴史性や未来性を重ね合わせる。季節の移ろいの中で、人々がその木をどのように眺めながら暮らしていくのか。そんな積み重ねの上にはじめて「ここにはこの木を植えよう」ということになる。①それがその木がその場所に存在する意義です。

　住宅の庭木も同じです。単に自分の好みばかりでなく、その木が住宅街の小路をどのように演出するのか、まわりとの調和はどうなのか。そんなことを考えていくのがまちづくりの中の「木」です。昨今のガーデニングブームで、確かに個々の家の庭は立派になりました。花や木の種類もずいぶん増えて、ひと昔前には無かったような色や形も見られます。そして、ガーデニングをする人達の情報交流も盛んとなり、新たなコミュニティも生まれているようです。しかし、いま一つ自分の土地から外に広がっていない感じがします。道路や公園は地域にとっての共有の庭であり、個々の部分と共有の部分が美しくなってこそはじめて全体が美しくなるのです。美しく楽しい庭を作っている人々には、②もっと欲張って美しく楽しいまちを作ってほしいと思います。

　「愛でる」という言葉があります。これは主に植物に対して使われます。満開の桜や初夏の新緑、真夏の木陰や秋の紅葉・・・。私たちは折々に木々を眺め、そこに日々の暮らしを重ね合わせたり、育ちゆく木々に子供達の明るい未来を願ったりしているのではないでしょうか。そしてそんな思いをこめて水やりや手入れをする。これが「愛でる」と

いうことだと思うのです。その愛でる心と愛でられる木々があってはじめてよいまちとなるのです。

(加藤美浩『まちづくりのススメ』による)

(注1) その土地の植生：その土地にどのような植物が生えているか
(注2) 折々に：ここでは、機会があるごとに

[59] 筆者によると、まちの樹木の大きな役割とは何か。

1 人々に木が身近な存在であることを意識させる。
2 人々に未来都市的なイメージを与える。
3 人々を現実の煩わしさから逃れさせる。
4 人々を落ち着いた気持ちにさせる。

[60] ①それとはどういうことか。

1 その土地に暮らす人々の好みに合わせた樹木を植えること
2 その土地の特性と人々の暮らしを考慮し、樹木を植えること
3 その土地の歴史的な樹木を大切にし、保存すること
4 その土地の季節の移ろいを感じさせる樹木を大切にすること

[61] ②もっと欲張ってとあるが、筆者の気持ちと合うものはどれか。

1 自分の好みだけではなく、まち全体との調和も考えてほしい。
2 ガーデニングをする人達同士で、もっと情報交換をしてほしい。
3 個々の庭の花や木が、さらに美しく育つようにしてほしい。
4 個々の庭よりも、まちの共有の部分のほうに力を入れてほしい。

[62] 筆者の考えに合うのはどれか。

1 人々がまちの木々を愛でることで、子供達が自然に関心を持つようになる。
2 人々がまちの木々を愛でることが、よいまちづくりにつながる。
3 人々がまちの木々の手入れを怠らなければ、よいまちになる。
4 人々が季節による木々の変化に関心を持つことで、愛でる心が生まれる。

問題11 次のAとBの文章を読んで、後の問いに対する答えとして最もよいものを、1・2・3・4から一つ選びなさい。

A

　雑談はいろいろな意見を交換し合うことによって、ヒントを得ようというスケールの大きな場である。そこにいる誰もが自由に発言する権利を持っている。仮に自分とは反対意見であっても、まずは聞くという姿勢を保つこと、心理学のカウンセリングと同じである。

　そして相手の発言に対して、自分の意見を軽い気分で述べる、それが雑談である。

　どんなに間違っている、バカバカしいと思われる意見であっても、いったんそれを受け入れること。「なぜあの人はこのような発言をするのか」と考えていくと、自分がそれまで見落としていたことがあることに気がつくこともある。

　「話し上手は聞き上手」という言葉があるように、雑談では「いかに発言するか」よりも「いかに聞くか」が大切になる。

（多湖輝『人の心をつかむ「雑談力」情報が集まる「雑談力」』新講社による）

B

　雑談は無駄だという人がいるが、本当にそうだろうか。辞書を調べると「無駄話」という意味もあるが、「さまざまなことを気楽に話し合うこと」という意味もある。気楽な気持ちのとき、人は本音を話すものだ。バカらしいと思う話もあるかもしれないが、雑談の中から相手の人間性が見えてくる。

　そうはいっても、気楽に話せる雰囲気を作るのは簡単なことではない。まずは、自分から話のきっかけになりそうな小さなエピソードを話そう。相手が話に乗って(注)きたと思ったら、そこで自分の本音を話してみよう。そうすれば、相手もやがて心を開いて話し始めるだろう。そうなれば、雑談も意味のある時間となる。

(注) 話に乗る：ここでは、話に興味を持つ

63　雑談の良い点について、AとBはどのように述べているか。

1　Aはお互いの考えを認め合えると述べ、Bは相手の人間性が見えてくると述べている。
2　Aは相手と意見交換ができると述べ、Bはバカらしい話をしても受け入れてもらえると述べている。
3　Aは自分が気づいていなかったことに気づけると述べ、Bは相手の本音を知ることができると述べている。
4　Aは誰もが自由に意見を発言できると述べ、Bは相手と自分との共通点を見つけることができると述べている。

64　雑談をするときの姿勢について、AとBはどのように述べているか。

1　AもBも、相手の話をよく聞くことが大切だと述べている。
2　AもBも、相手と自分が同じぐらいの割合で話すようにしようと述べている。
3　Aは相手の話を聞くことが大切だと述べ、Bは自分から話すようにしようと述べている。
4　Aは相手の発言の意図を考えることが大切だと述べ、Bはまずは相手に話をさせることが大切だと述べている。

問題12 次の文章を読んで、後の問いに対する答えとして最もよいものを、1・2・3・4から一つ選びなさい。

　建築の設計をやっていると様々な職人に出会う。大小を問わずどの現場でも一人や二人、主役を張れる人がいる。そうした人に出会うのが、現場に通う楽しみのひとつだ。長い時間、図面にばかり接していると、現実を離れて思考が一人歩きすることがよくある。そんな時、彼らからもらう情報がかけがえのないものであることが分かる。我々が作り出す図面は、線で描かれた抽象的な記号(注2)に過ぎない。彼らは物に触っている。経験則によって裏付けられた、物に近い、深くて確かな情報を持っている。

　図面は人間の頭の中だけで作り出されたものだ。それを現実の建物に移し替えるには、木や鉄やコンクリートといった、物から手によって直接に得られる情報が不可欠だ。頭で生み出されたものは、思いこみや錯誤によって間違うことが多いからだ。

　今はコンピューターと情報通信の時代だ。それにともなって、手を動かす機会がどんどん少なくなってきている。建築の設計でもCAD(コンピューター利用設計)化の勢いはすさまじい。しかし、その図面は、設計の全体を把握しにくい。きれい過ぎて、何であれ、すべてうまくいっているように見えてしまう。手を経ずに、頭の中だけで作業が完結してしまっているからだろう。

　トレーシングペーパー(注3)に鉛筆で苦労をして描かれた旧来の図面は、そこに描く人の感情が入っている。うまくいっていないところは消しゴムで消し、描き直して修正していく。技術的に問題のあるところ、デザイン的にうまくいっていないところほど、線はにじみ、トレーシングペーパーは人の手の脂で汚れてくる。何回も描き直した個所は、しまいには擦り切れて穴が開いてしまうこともある。

　描いた当人の自信がなければ、鉛筆の線にもその迷いを見て取ることもできる。慣れてくると、図面上の線から、描いた人の経験的なレベルや人柄さえ分かるようになる。手書きの図面には、すてがたい様々な種類の情報が塗り込められている。均質な図面の向こう側に人の姿が見えにくい分、CADでは大きなリスクを見落とす可能性もある。

　手から遠いコンピューターの出現によって、リスクの所在をかぎ取ることが、旧来の経験則では難しくなってきている。これは設計に限ったことではないだろう。今や情報通信とコンピューターはあらゆる分野に浸透し、社会全体を変えつつある。頭から生み出されたものが暴走している。リスクの所在が、より巨大で、見えにくくなった。

どこかでそれを、生身の身体を持つ人間の側に引き戻す必要がある。手から得られる情報は、効率は悪いが、現実の世界をまさぐって得られるものだ。その人の身体だけにとどまる固有の情報といってもよい。忘れられつつある手の行き場を考えるべきだろう。

(内藤廣『建築のはじまりに向かって』王国社による)

(注1) 主役を張る：ここでは、主要な役割を果たす
(注2) かけがえのない：他に代わりがないほど貴重な
(注3) トレーシングペーパー：ここでは、設計図を描くための紙
(注4) 旧来の：昔からの
(注5) まさぐる：手探りをする

65 そうした人に出会うのが、現場に通う楽しみのひとつだとあるが、なぜか。

1 職人から得る情報で自分のやり方の正しさが確かめられるから
2 職人たちの経験に基づいた信頼できる情報が得られるから
3 様々な職人たちから建築設計の多様性が学べるから
4 経験豊かな職人たちの仕事ぶりが見られるから

66 鉛筆で描かれた図面について、筆者はどのように述べているか。

1 設計の過程や描いた人に関する情報が得られる。
2 経験を積んで設計に自信のある人にしか描けない。
3 細部は分かりにくいが、全体は把握しやすい。
4 情報を読み取りにくいが、描いた人の感情がこもっている。

67 筆者は、コンピューターが社会にどのような影響を与えたと述べているか。

1 多くの情報の中から必要な情報を選び出しにくくなった。
2 リスクの高い様々な種類の情報が氾濫するようになった。
3 これまでに得られた経験則が社会で必要とされなくなった。
4 どこにどのようなリスクが潜んでいるか把握しにくくなった。

[68] この文章で筆者が最も言いたいことは何か。

1 コンピューター化によるリスクを経験則によって回避すべきだ。
2 コンピューター化による効率重視の風潮を改めるべきだ。
3 手によってなされる仕事の伝統を守っていくべきだ。
4 手によってなされる仕事の価値を再認識すべきだ。

問題13　右のページは、大森大学の図書館のホームページに書かれたサービスの案内である。下の問いに対する答えとして最もよいものを1・2・3・4から一つ選びなさい。

[69] 大森大学の学生のリンさんは、明日中に借りたい本がある。明日行ける図書館の中では、以下の4館が所蔵していることがわかったので、メモをした。リンさんが本を借りられるのは、次の方法のうちどれか。

リンさんのメモ

	協会加盟
長島大学図書館	あり
あおば大学図書館	あり
中山工業大学図書館	あり
さくら大学図書館	なし

1　学生証を持参して、長島大学図書館に行く。
2　今から紹介状を申請し、それを持参して、あおば大学図書館に行く。
3　学生証を持参して、中山工業大学図書館に行く。
4　今から紹介状を申請し、それを持参して、さくら大学図書館に行く。

[70] 大森大学の学生のロイさんは利用したい資料があるが、大森大学にはなかった。他大学に行く時間がないため、複写依頼か資料借用のサービスを利用しようと考えている。ロイさんが注意しなければならないこととして合っているのは、次のどれか。

1　複写依頼は、資料を所蔵する大学のホームページから行わなければならない。
2　複写依頼は、一度に2件以上まとめて申し込むことはできない。
3　資料の借用に必要な送料は、半額を自身が負担しなければならない。
4　借用した資料は、大森大学図書館内で閲覧しなければならない。

大森大学図書館

他大学の図書館の資料の利用について

利用したい資料が本学にない場合、他大学の図書館の資料を利用できます。

① **他大学の図書館に行く**

① ― A 相互利用協定校を利用する

相互利用協定に加盟している図書館は、学生証の提示のみで、利用することができます。図書館によって、受けられるサービスが異なりますので、下記一覧を参照してください。

協定に加盟している図書館の一覧

	閲覧	貸出
みはま大学図書館	可	可
長島大学図書館	可	可
あおば大学図書館	可	不可
中山工業大学図書館	可	不可

① ― B 相互利用協定校以外を利用する

本学図書館が発行する紹介状を持参すれば、相互利用協定校以外の図書館にも入館できます。受けられるサービスについては、各図書館に問い合わせてください。

紹介状の発行は、所定の申込書に記入し本学図書館受付で申し込んでください。

注意：利用時は、必ず学生証と紹介状を持参してください。
　　　紹介状の発行は無料ですが、発行まで約5日かかります。

② **他大学の図書館に複写を依頼し、取り寄せる**

本学図書館が他大学の図書館に複写を依頼し、取り寄せることができます。

申し込みは、本学図書館受付、または本学図書館ホームページ上で行ってください。

注意：資料の複写料金、送料などは全額利用者負担となります。
　　　一度に依頼できる件数は5件までです。

③ **他大学の図書館から借用した資料を見る**

本学図書館が他大学の図書館から資料を一定の期間借用し、その資料を本学図書館内にて閲覧することができます。

申し込みは、本学図書館受付で行ってください。

注意：資料の往復送料などは全額利用者負担となります。
　　　本学図書館内での閲覧に限ります。貸出はできません。
　　　借用可能な資料は、一人一点限りとなります。

Listening

問題用紙

N1
聴解
(60分)

注意 Notes

1. 試験が始まるまで、この問題用紙を開けないでください。
   Do not open this question booklet until the test begins.

2. この問題用紙を持って帰ることはできません。
   Do not take this question booklet with you after the test.

3. 受験番号と名前を下の欄に、受験票と同じように書いてください。
   Write your examinee registration number and name clearly in each box below as written on your test voucher.

4. この問題用紙は、全部で13ページあります。
   This question booklet has 13pages.

5. この問題用紙にメモをとってもかまいません。
   You may make notes in this question booklet.

受験番号　Examinee Registration Number	
名前　Name	

問題1

問題1では、まず質問を聞いてください。それから話を聞いて、問題用紙の1から4の中から、最もよいものを一つ選んでください。

例

1　企画書を見せる
2　製品の説明を書き直す
3　データを新しくする
4　パソコンを準備する

聴解 — 2

1番

1 商品を補充する
2 さくら店に商品を送る
3 ダイレクトメールの発送を準備する
4 店で使用するかざりを作る

2番

1 体験者のビデオを見る
2 先生にすいせんじょうを依頼する
3 保険の加入手続きをする
4 指定科目の成績をかくにんする

3番

1 見積もりの合計金額を見直す
2 見積もり金額の内訳を詳しく書く
3 バスが確保できたかかくにんする
4 見積書の有効期限を書く

4番

1 企画書を修正する
2 出張の資料を作成する
3 店の予約をキャンセルする
4 会食に使う店を探す

5番

1 研修期間を長くする
2 店の経営理念を伝える
3 時給を上げる
4 業務のしゅうじゅくどを評価する

6番

1 投書らんを設ける
2 政策関連の記事に図を用いる
3 イベント情報の記事を増やす
4 子育て関連の記事を増やす

問題2

問題2では、まず質問を聞いてください。それから問題用紙のせんたくしを読んでください。読む時間があります。それから話を聞いて、問題用紙の1から4の中から、最もよいものを一つ選んでください。

例

1　昨日までに資料を渡さなかったから
2　飲み会で飲みすぎて寝てしまったから
3　飲み会に資料を持っていったから
4　資料をなくしてしまったから

1番

1 料理が冷めにくいから
2 丈夫で長持ちするから
3 安くて見た目がはなやかだから
4 いろいろな料理に使えるから

2番

1 上司が応募を快く思わないこと
2 新しい部署に採用される可能性が低いこと
3 商品開発の仕事の経験がないこと
4 不採用だったら今の部署にいづらくなること

3番

1 ほかの学校に転校したこと
2 友達が迎えに来てくれたこと
3 先生が相談に乗ってくれたこと
4 同じ経験をもつ人と話せたこと

4番

1 世界初のロボットの誕生
2 ロボットの定義づけ
3 ロボットの社会的使命
4 ロボット制作に必要な情報処理

5番

1 集落のいせきとして国内最古のものであること
2 国内のいせきの中で規模が最も大きいこと
3 高度な技術で作った道具が見つかったこと
4 食料として作物を育てていたことがわかったこと

6番

1 安全性を確保した通学路にすること
2 防犯のために街灯の数を増やすこと
3 住民が交流できる施設を建てること
4 災害時の避難場所を作ること

7番

1 政治に関心をもたない人が増えたから
2 候補者間の主張の違いが不明確だったから
3 現職の知事の勝利が確実だったから
4 投票の時期が年末で忙しい人が多かったから

問題3

問題3では、問題用紙に何も印刷されていません。この問題は、全体としてどんな内容かを聞く問題です。話の前に質問はありません。まず話を聞いてください。それから、質問とせんたくしを聞いて、1から4の中から、最もよいものを一つ選んでください。

― メモ ―

問題4

問題4では、問題用紙に何も印刷されていません。まず文を聞いてください。それから、それに対する返事を聞いて、1から3の中から、最もよいものを一つ選んでください。

－ メモ －

問題5

問題5では、長めの話を聞きます。この問題には練習はありません。
問題用紙にメモをとってもかまいません。

1番、2番

問題用紙に何も印刷されていません。まず話を聞いてください。それから、質問とせんたくしを聞いて、1から4の中から、最もよいものを一つ選んでください。

― メモ ―

3番

まず話を聞いてください。それから、二つの質問を聞いて、それぞれ問題用紙の1から4の中から、最もよいものを一つ選んでください。

質問1

1　富田美術館
2　アーク美術館
3　秋山美術館
4　ポニー美術館

質問2

1　富田美術館
2　アーク美術館
3　秋山美術館
4　ポニー美術館

日本語能力試験

JLPT
공식 문제집 Ver2.0
N1

정답 및 해설

正答表

● 言語知識（文字・語彙・文法）・読解

問題1

1	2	3	4	5	6
1	2	3	1	4	2

問題2

7	8	9	10	11	12	13
2	1	3	1	2	4	4

問題3

14	15	16	17	18	19
4	1	4	3	2	3

問題4

20	21	22	23	24	25
1	4	3	2	1	3

問題5

26	27	28	29	30	31	32	33	34	35
4	2	3	1	3	3	4	2	1	4

問題6

36	37	38	39	40
2	1	4	3	2

問題7

41	42	43	44	45
2	1	1	3	4

問題8

46	47	48	49
3	2	3	1

問題9

50	51	52	53	54	55	56	57	58
3	4	2	2	1	4	2	3	3

問題10

59	60	61	62
4	2	1	2

問題11

63	64
3	3

問題12

65	66	67	68
2	1	4	4

問題13

69	70
1	4

● 聴解

問題1

例	1	2	3	4	5	6
3	1	4	2	1	2	2

問題2

例	1	2	3	4	5	6	7
3	2	4	4	3	4	1	2

問題3

例	1	2	3	4	5	6
2	2	4	3	3	1	2

問題4

例	1	2	3	4	5	6	7	8	9	10
3	2	3	2	3	1	3	3	2	1	2

11	12	13	14
3	1	2	3

問題5

1	2	3	
		(1)	(2)
2	2	1	2

1교시　언어지식(문자·어휘)　p17

> **問題1 / 문제1**
> ＿＿＿の言葉の読み方として最もよいものを、1・2・3・4から一つ選びなさい。
> ＿＿＿의 단어 읽는 법으로서 가장 적당한 것을 1・2・3・4에서 하나 고르시오.

1　정답 1　　　품사▶명사

社会活動に参加することで、人脈を広げることができた。

사회 생활에 참가하는 것으로, 인맥을 넓힐 수가 있었다.

해설 「人　사람 인」은 음독으로 「にん」 또는 「じん」이라고 읽는다. N2 레벨까지는 「人間 (인간)」, 「人形(인형)」 등 「にん」으로 읽는 단어가 많이 출제되지만, N1 레벨에서는 社会人(사회인)과 같이 접미어로 쓰이는 경우를 포함하여, 「じん」으로 읽는 단어가 많이 출제된다. 「脈　줄기 맥」은 음독으로 「みゃく」라고 읽으며, 「まく」로는 읽지 않으니 주의하자.

오답 2 陣幕(진막)

빈출 文脈(문맥) ㅣ 脈絡(맥락) ㅣ 人類(인류)

어휘 社会生活(사회 생활) ㅣ 参加(참가) ㅣ 広げる(넓히다)

2　정답 2　　　품사▶い형

鈴木さんは指摘がいつも的確で、本当に賢い人だと思う。

스즈키 씨는 지적이 언제나 적확해서, 정말로 영리한 사람이라고 생각한다.

해설 정답은 2번이다. N1 문자 어휘 파트에서는 N2, N3 레벨의 단어까지 폭 넓게 출제되는 경우가 많으므로, N1 이외의 레벨의 단어까지 정리해 두는 것이 좋다. 「賢い」에는 '현명하다, 슬기롭다'는 의미에, '영리하다, 똑똑하다, 요령 있다, 빈틈이 없다'는 의미도 있으니 기억해 두자.

오답 1 鋭い(날카롭다, 예리하다)　3 凄い(굉장하다 : 깜짝 놀랄 정도로 정도가 심하다)　4 偉い(① 훌륭하다 : 사회적 신분이 높다. ② 대단하다, 심하다 : 어떤 물건이나 일이 보통의 정도가 아닌 상태)

빈출 賢者(현자) ㅣ 快い(상쾌하다, 산뜻하다) ㅣ 容易い(용이하다, 쉽다)

어휘 指摘(지적) ㅣ 的確(적확)

3 정답 3
품사 な형

文化の違いが食生活に顕著に現れている。

문화 차이가 식생활에 **현저하게** 나타난다.

해설 정답은 3번이다. 「나타날 현 顕」은 음독으로 「けん」으로 읽으며, 「나타날 저 著」는 음독으로 「ちょ」라고 읽으므로 정답은 3번이다. 「나타날 저 著」는 훈독으로는 「著しい(현저하다)」 또는 「著す(저술하다)」라고 읽는데, 훈독도 시험에 자주 출제되니 함께 암기해 두자. 「じょ」 또는 「しょ」로는 읽지 않는다.

오답 1 原著(원저) 4 原書(원서)

빈출 著者(저자) | 著述(저술) | 著す(저술하다) | 顕微鏡(현미경)

어휘 文化(문화) | 食生活(식생활) | 現れる(나타나다)

---

4 정답 1
품사 な형

相談の内容は多岐にわたった。

상담 내용은 **다방면**에 걸쳐 있었다.

해설 「갈림길 기 岐」는 음독으로 「き」로 읽는다. 「가지 지 枝」와 헷갈리기 쉬우니 주의하자. 「多岐にわたる(다방면에 걸치다, 다양하다)」는 '어떤 것의 영향이 여러 분야나 방면에 넓게 나타나 있다'는 것을 나타내는 표현이다.

오답 1 多事(다사) 3 多義(다의) 4 足し(더함, 보탬)

빈출 多様(다양)

어휘 相談(상담) | 多岐にわたる(방면에 걸치다) | 内容(내용)

---

5 정답 4
품사 동사

その風習は、今はもう廃れてしまった。

그 풍습은 지금은 이미 **쇠퇴해** 버렸다.

해설 「폐할 폐 廃」는 음독으로 「はい」라고 읽고, 훈독으로는 「すたる·すたれる」라고 읽으며, 동사로 쓰인다. 음독, 훈독 모두 자주 출제되는 단어이니 꼭 기억해두자. 「廃れる」는 '쓰이지 않게 되어 소용 없어지다'는 뜻으로 '쇠퇴하다, 한물가다, 유행이 지나다'는 의미를 나타낸다.

오답 1 崩れる(무너지다, 흐트러지다) 2 かすれる(긁히다, 목이 잠기다) 3 つぶれる(원래의 형태가 망가지다·무너지다, 망하다)

빈출 荒廃(황폐) | 廃止(폐지)

어휘 風習(지적)

6 정답 2 　　　　　　　　　　　　　　　　　　　　　　　　　　　　품사 　명사

家賃の相場は地域によって違う。

월세 시세는 지역에 따라서 다르다.

해설 '음독+훈독'으로 읽는 난독한자의 문제이다. 「서로 상 相」은 음독으로 「そう」 또는 「しょう」, 훈독으로는 「あい」라고 읽으며, 「마당 장 場」은 음독으로는 「じょう」라고 읽으나, 여기에서는 훈독인 「ば」로 읽어 「相場」는 「そうば」라고 읽는다. N1 한자 읽기 파트에서는 '음독+훈독' '훈독+음독'으로 읽는 난독한자가 1문제 이상 출제되는 것이 특징이다.

오답 3 愛情(애정)　4 相乗(상승)

빈출 真相(진상) | 相対(상대)

어휘 家賃(방 값, 월세, 집 값) | 地域(지역) | ~によって(~에 의해서, ~에 따라서)

문제 2 （　　）에 入れるのに最もよいものを、1・2・3・4から一つ選びなさい。
（　　）에 넣는데 가장 적당한 것을 1・2・3・4에서 하나 고르시오.

---

7 정답 2 　　　　　　　　　　　　　　　　　　　　　　　　　　　　품사 　명사

私はこの土地で定職に就き、生活の（ 基盤 ）を築いた。

나는 이 지역에서 취업을 하고, 생활 (기반)을 마련했다.

해설 문맥규정 파트에서는 문장을 꼼꼼히 읽고, 문맥의 흐름상 자연스러운 것을 골라야 한다. "취업을 하여 생활의 (　　)를 쌓다(구축하다)"는 흐름상 "생활의 기반을 마련하다"는 내용이 들어가야 가장 자연스러우므로, 2번의 「基盤(기반)」이 정답이다. 「基盤(기반)」은 '어떤 일이나 물건을 성립시키기 위한 기초가 되는 것, 토대'라는 의미가 있으며, 「基盤を作る/固める/築く(기반을 만들다/굳히다/마련하다)」 등 처럼 동사와 함께 사용된다. 「根源(근원)」은 "어떤 일의 시작이 되는 것"이라는 의미가 있으며, 「根源になる (근원이 되다)」처럼 사용된다.

오답 1 根拠(근거)　3 根源(근원)　4 基地(기지)

빈출 基礎(기초) | 基本(기본) | 土台(토대)

어휘 土地(토지, 그 지역) | 定職(정직) | 就く(취업하다, 종사하다) | 築く(쌓다, 구축하다, 기초부터 마련하다, 만들다)

8 정답 1   품사 ▶ 부사

議論は難航すると思ったが、すぐに意見がまとまり、（ すんなり ）結論が出た。

논의는 난항 할 것이라고 생각했지만, 바로 의견이 정리되어 (순조롭게) 결론이 나왔다.

해설 부사를 넣는 문제는 1문제 이상 꼭 출제되니, N1 레벨의 부사의 의미는 꼭 숙지해 두는 것이 좋다. 「すんなり」는 '어떤 것이 정체되지 않고 부드럽게 진행되는 것'을 나타내는 부사이다. 「なめらか(매끈매끈한)」도 '순조로운'이라는 의미를 나타낼 수 있다.

오답 2 うっとり(아름 다운 것 등에 마음을 빼앗겨 멍하니 있는 모습)   3 ふんわり(폭신폭신, 사뿐)   4 こっそり(몰래)

빈출 スムーズに(부드럽게, 순조롭게) | じっくり(곰곰이, 차분히) | ぽつぽつ(조금씩)

어휘 議論(논의, 의논) | 難航(난항) | すぐに(금새, 곧, 바로) | 意見がまとまる(의견이 정리되다) | 結論が出る(결론이 나오다)

9 정답 3   품사 ▶ 동사

さっき駅前で佐藤さんを（ 見かけた ）んですが、今、海外にいるはずなのに変ですね。

조금 전 역 앞에서 사토 씨를 (봤)습니다만, 지금 해외에 있을 터인데 이상하네요.

해설 의미가 헷갈리기 쉬운 어휘는 간단한 문장을 통째로 외워두면 좋다. 「見かける」에는 '(의도하지 않았는데 의외의 장소에서 어떤 것을) 보다'는 의미가 있으며, 「見合わせる」는 '서로 보다' 「見過ごす」는 '간과하다, 못 보고 놓치다'는 의미가 있다. 이 문장에서 화자는 "해외에 있을 터인데 이상하다"며 사토 씨를 본 것이 의외라고 말하고 있으므로 흐름상 3번이 들어가야 자연스럽다.

오답 1 顔を見合わせる(얼굴을 마주보다)   2 信号を見過ごす(신호를 못 보고 놓치다)   4 見違えるほどきれいになる(몰라볼 정도로 예뻐졌다)

빈출 見誤る(오인하다, 잘못 보다) | 見倣う(본받다, 보고 익히다) | 見逃す(눈감아 주다)

어휘 さっき(조금 전) | 海外(해외) | ~はずだ(~일 터이다, ~일 것이다) | 変だ(이상하다)

10 정답 1   품사 ▶ 명사

市長の責任ある行動が住民の不安を（ 一掃 ）し、行政に対する期待が一気に高まった。

시장의 책임 있는 행동이 주민 불안을 (일소)하고, 행정에 대한 기대가 단숨에 높아졌다.

해설 「一掃(일소)」와 「削除(삭제)」의 의미 차이를 묻는 문제이다. 「一掃(일소)」는 '좋지 않은 것이나, 바람직하지 못한 것을 한꺼번에 없애다, 제거하다'라는 의미이며, 「削除(삭제)」는 '이미 작성된 문장 등의 일부를 없애다'는 의미이다. 따라서, 「一掃(일소)」는 「(不安/悪習)を一掃する(악습/불안을 일소하다)」처럼 좋지 않은 일을 나타내는 단어와 함께 쓰이는 경우가 많다. 이 문장에서는 "불안을 없애고, 기대가 높아졌다"라는 흐름이 자연스러우므로 정답은 1번이다.

오답 2 追放(추방)   3 削除(삭제)   4 排出(배출)

빈출 駆除(구제) | 欠如(결여) | 削減(삭감) | 消去(소거)

어휘 市長(시장) | 責任(책임) | 不安(불안) | 行政(행정) | 一気に(한꺼번에, 단숨에) | 高まる(높아지다, 고조하다)

11 정답 **2** 품사 ▶ 동사

十分(じゅうぶん)に煮(に)た野菜(やさい)は味(あじ)が（ 染(し)みて ）柔(やわ)らかく、とてもおいしかった。

충분히 삶은 채소는 맛이 (배서), 부드럽고 매우 맛있었다.

해설 문장의 주어와 술어를 잘 파악하고 꼼꼼하게 해석해야 정답을 찾을 수 있다. 이 문장에서는 문맥의 흐름상 '채소에 맛이 배서, 채소가 매우 맛있다"는 의미이다. 「染(し)みる」에는 '배다, 스며들다'라는 의미가 있으므로, 정답은 2번이다. 1번 「溶(と)ける」는 '고체가 열 등에 의해서 액체가 되다'는 의미가 있으므로 이 문장에서는 사용할 수 없다.

오답 1 溶(と)ける(녹다) 3 潤(うるお)う(습기를 띠다, 축축해지다) 4 沈(しず)む(가라앉다)

빈출 澄(す)む(맑다) | 浸(ひた)る(잠기다) | 満(み)たす(채우다, 만족시키다)

어휘 十分(じゅうぶん)に(충분히) | 煮(に)る(삶다) | 野菜(やさい)(야채, 채소) | 柔(やわ)らかい(부드럽다) | とても(매우)

---

12 정답 **4** 품사 ▶ 명사

このテーブルは私(わたし)が子(こ)どものころから使(つか)っているので、（ 愛着(あいちゃく) ）があって捨(す)てられない。

이 테이블은 내가 아이 무렵부터 사용하고 있기 때문에 (애착)이 있어서 버릴 수 없다.

해설 「愛着(あいちゃく)(애착)」은 '익숙한 일이나 사물에 깊이 마음을 빼앗겨 떨어지기 어렵다고 느끼는 상태'라는 의미이다. 이 문장에서는 '어렸을 무렵부터 사용하고 있기 때문에 버릴 수 없다'고 했으므로 정답은 4번이 된다. 「好感(こうかん)(호감)」은 '좋은 인상, 느낌'이라는 의미로, 「好感(こうかん)を持(も)つ/与(あた)える(호감을 갖다, 주다)」와 같은 형태로 사용된다.

오답 1 心情(しんじょう)(심정) 2 好感(こうかん)(호감) 3 熱意(ねつい)(열의)

빈출 愛想(あいそ)(붙임성, 호의) | 感興(かんきょう)(감흥) | 認識(にんしき)(인식)

어휘 ころ(무렵, 경, 즈음) | 捨(す)てる(버리다)

---

13 정답 **4** 품사 ▶ 가타카나

現社長(げんしゃちょう)は創立者(そうりつしゃ)から経営(けいえい)の（ ノウハウ ）を学(まな)んだ。

현 사장은 창립자로부터 경영 (노하우)를 배웠다.

해설 가타카나 문제는 1문제 이상 꼭 출제된다. 「ノウハウ」는 '비법, 비결'이라는 의미로, 여기에서는 흐름상 '경영의 비법을 배웠다'라는 의미가 되어야 자연스러우므로 정답은 4번이 된다.

오답 1 データベース (데이터 베이스) 2 ベテラン (베테랑, 숙련자) 3 ライフワーク(라이프 워크, 평생에 걸쳐 할 일, 대표작)

빈출 レギュラー(레귤러) | スタンス(스탠스, 자세, 태도) | ルーティン(루틴)

어휘 現(げん)~(현~) | 創立者(そうりつしゃ)(창립자) | 経営(けいえい)(경영) | 学(まな)ぶ(배우다, 익히다)

問題3	＿＿＿の言葉に味が最も近いものを、1・2・3・4から一つびなさい。
문제3	＿＿＿의 말과 의미가 가장 가까운 것을 1・2・3・4에서 하나 고르시오.

14 정답 4   품사 부사

高橋さんには**かねがね**お会いしたいと思っていました。

다카하시 씨에게는 **이전부터** 만나 뵙고 싶다고 생각하고 있었습니다.

해설 이 파트에서는 문장에 넣었을 때 자연스러운 단어가 아닌, 밑줄 부분의 단어와 유사한 의미가 되는 단어를 찾는 것이 포인트이다. 「かねがね(이전부터, 전부터)」는 '이전부터 지금까지 어떤 상태가 계속 이어지고 있'는 것을 의미하므로, 정답은 4번 「以前から(이전부터)」이 된다.

오답 1 直接(직접)   2 ぜひ(꼭, 제발)   3 早く(빨리, 급히)

빈출 滅多に(좀처럼) | かねて(미리, 전부터) | かつて(일찍이, 예전부터)

어휘 お会いする(만나뵙다, 겸양어)

15 정답 1   품사 부사

林さんはそれを**故意に**捨てたらしい。

하야시 씨는 그것을 **고의로** 버렸다고 한다.

해설 「故意に」는 '일부러, 고의로'라는 의미로 정답은 1번이다. 「いやいや」는 '어떤 것을 싫다고 생각하면서 어쩔 수 없이 하는 모습'을 나타내는 부사이다.

오답 2 うっかり(깜빡, 무심코)   3 いやいや(마지 못해서)   4 さっさと(서둘러, 빨리빨리)

빈출 しぶしぶ(떨떠름하게) | ぐずぐず(투덜투덜, 우물쭈물)

어휘 わざと(일부러) | ~らしい(~라고 한다, 전문)

16 정답 4   품사 동사

昨日、鈴木さんに**おわびした**。

어제, 스즈키 씨에게 **사과했다**.

해설 「お + 동사 ます형 + する」는 '~을 하다'라는 의미의 겸양어로, 상대방에 대해서 자신의 행동을 낮추어 표현할 때 사용하는 표현이다. 겸양어나 수동, 사역이 나오면, 비슷한 의미의 단어 뿐만이 아니라, 주어 등도 확인하며 문장 안에 넣었을 때 동일한 의미가 되는지 꼭 확인해 보는 것이 좋다. 이 문장에서는 '스즈키 씨에게 사과했다'는 의미이므로, 정답은 4번 「誤る(사과하다)」가 된다.

오답 1 文句を言う(불평을 말하다) 2 お礼を言う(감사의 뜻을 전하다) 3 断る(거절하다)

빈출 授ける(주다, 전수하다) | 委ねる(맡기다)

어휘 詫びる(사과하다)

---

17 정답 3 　　　　　　　　　　　　　　　　　　　　　　　품사 ▶ 명사

中村さんの言葉からは強い意気込みが伝わってくる。

나카무라 씨의 말에서는 강한 의욕이 전해져 온다.

해설 「意気込み」는 '어떤 것을 하려고 하는 기분'이라는 의미를 갖고 있으므로, 문장에 넣었을 때 비슷한 의미가 되는 단어는 3번 「意欲(의욕)」이 된다.

오답 1 敬意(경의) 2 自信(자신) 4 信頼(신뢰)

빈출 しきたり(관습) | 難点(난점) | 自尊心(자존심)

어휘 言葉(말, 단어) | 詫びる(사과하다)

---

18 정답 2 　　　　　　　　　　　　　　　　　　　　　　　품사 ▶ 동사

妹は少しおびえているようだった。

여동생은 조금 무서워하고 있는 것 같았다.

해설 「おびえる(무서워하다)」에는 '무서워하며 벌벌 떨다'는 의미가 있으며, 문장에 넣었을 때 의미가 비슷하게 되는 단어는 2번 「怖がる(무서워하다)」이다.

오답 1 焦る(초조해하다) 3 悩む(고민하다, 괴로워하다) 4 悔やむ(후회하다)

빈출 恨む(원망하다) | 後悔する(후회하다) | 危ぶむ(위태로워하다)

어휘 妹(여동생) | ~ようだ(~인 것 같다)

---

19 정답 3 　　　　　　　　　　　　　　　　　　　　　　　품사 ▶ 동사

私はその一言に安堵した。

나는 그 한 마디에 안도했다.

해설 「安堵(안도)」에는 '마음에 걸리는 것 등이 제거되어 안심하는 것'이라는 의미가 있으며, 문장에 넣었을 때 의미가 비슷하게 되는 단어는 3번 「ほっとする(크게 안심하다. 긴장이 풀리다)」이다.

오답 1 すっと(속이 시원함, 쑥, 쭉) 3 はっと(덜컥, 깜짝, 퍼뜩) 4 かっと(발끈, 울컥)

빈출 こうこうと(휘황찬란하게) | ずけずけ(거침 없이) | ぽつりと(불쑥 한 마디, 덩그러니)

어휘 一言(한 마디)

問題4 / 문제4

次の言葉の使い方として最もよいものを、1・2・3・4から一つ選びなさい。

다음 말의 사용법으로서 가장 적당한 것을 1・2・3・4에서 하나 고르시오.

---

20 정답 1 　　　　　　　　　　　　　　　　　　　　　　　　　　**품사** な형

1. そのレストランは繁華街から外れた閑静な場所にある。
2. 今日は朝から具合が悪かったので、会社を休んで家で閑静にしていた。
3. 用事が早く済み、閑静な時間ができたので、映画を見に行くことにした。
4. 日中はにぎやかな公園だが、夜になると急に閑静になる。

1. 그 레스토랑은 번화가에서 벗어난 **조용한** 장소에 있다.
2. 오늘은 아침부터 몸 상태가 나빴기 때문에, 회사를 쉬고 집에서 **한적하게** 있다.
3. 용무가 빨리 끝나, **한적한** 시간이 생겼기 때문에, 영화를 보러 가기로 했다.
4. 낮 동안은 활기찬 공원이었지만, 밤이 되면 갑자기 **한적해**진다.

해설 「閑静」는 '조용한, 고요한'이라는 뜻인데, '토지 또는 주거 등이 떠들썩하지 않고 조용한 모습'을 나타낼 때 쓰인다는 것이 포인트이다. 따라서, 가장 알맞게 쓰인 것은 1번이다. 조용한 장소를 나타낼 때 쓰이는 단어이므로 4번의 '시끄러웠던 공원이 조용해졌다'라는 의미로 「閑静になる」와 같은 형태로는 사용할 수 없다.

오답 2번은 安静(안정) 3번은 暇(한가, 여유) 4번은 静か(조용한)이 들어가야 자연스러운 문장이 된다.

빈출 長閑(조용하고 한가한) | 簡易(간이) | 適宜(적당) | 密か(몰래, 가만히)

어휘 繁華街(번화가) | 外れる(벗어나다, 떨어지다) | 具合(몸 상태) | 用事(일, 용무) | 済む(끝나다, 완료되다) | 日中(낮 동안) | にぎやか(활기찬, 떠들썩한) | 急に(갑자기, 급히)

---

21 정답 4 　　　　　　　　　　　　　　　　　　　　　　　　　　**품사** い형

1. 弟は寝坊したらしく、たやすい物だけ食べて、慌てて出かけていった。
2. 伊藤氏とは大学時代からの親友で、本音が言えるたやすい関係だ。
3. せっかくの日曜日だから、ゆっくり休んでたやすく過ごそうと思う。
4. この問題は想像以上に複雑で、たやすく解決できるものではなかった。

1. 남동생은 늦잠을 잔 것 같아서, **쉬운** 것만 먹고, 서둘러 나갔다.
2. 이토 씨와는 대학교 시절부터 절친으로, 진심을 말할 수 있는 **쉬운** 관계이다.
3. 모처럼 일요일이니까, 천천히 쉬고 **쉽게** 지내려고 생각한다.
4. 이 문제는 상상 이상으로 복잡해서, **쉽게** 해결할 수 있는 것은 아니었다.

정답 및 해설 **75**

해설 「たやすい」는 '쉽다, 용이하다'라는 의미이며, 가장 알맞게 쓰인 것은 4번이다. 1번은 문맥상 '간단한 것만 먹고'라는 의미가 되어야 하며, 2번은 '속마음을 말할 수 있는 친밀한 관계다'라는 의미가 되어야 자연스러운 문장이 된다.

오답 1번은 簡単な(간단한) 2번은 親密な(친밀한) 3번은 気楽に(마음이 편한)이 들어가야 자연스러운 문장이 된다.

빈출 簡潔(간결한) | 大らか(대범한) | 短気(성질이 급한) | 和やか(온화한)

어휘 寝坊(늦잠) | 慌てる(서두르다, 당황하다) | 親友(절친) | 本音(속마음, 속내) | せっかく(모처럼) | ゆっくり(느긋하게, 천천히) | 過ごす(보내다, 지내다) | 想像(상상) | 以上(이상) | 複雑(복잡) | 解決(해결)

22 정답 3 품사 동사

1. 医師たちはチームを組み、意見を出し合って、最良の治療法を察した。
2. 気象予報士はテレビの天気予報で、来週の気温の変化を察し始めた。
3. 鈴木さんは、私が何も言わなくても、私の気持ちを察して慰めてくれた。
4. 外を歩いていたら急にいいアイディアを察したので、手帳にメモをした。

---

1. 의사들은 팀을 짜고, 의견을 서로 내서 최량의 치료법을 추측했다.
2. 기상 예보사는 텔레비전 일기 예보에서 다음 주 기온 변화를 추측하기 시작했다.
3. 스즈키 씨는 내가 아무것도 말하지 않아도, 내 기분을 추측해서 위로해 주었다.
4. 밖을 걷고 있었더니 갑자기 좋은 아이디어를 추측했기 때문에, 수첩에 메모를 했다.

해설 「察する」는 '헤아리다, 미루어 짐작하다'는 의미인데, '어떤 일 등의 사정을 추측하여 아는 것'을 의미한다. 따라서, '아무 말도 하지 않아도, 내 기분을 추측하여 미루어 짐작해 준다'는 의미로 쓰인 3번이 문장이 가장 자연스럽다. 치료법이나, 일기 예보는 '추측하거나 상상해서' 생각해 내는 것이 아니므로 사용할 수 없다.

오답 1번은 見つける(발견하다) 2번은 解説する(해설하다) 3번은 浮かぶ(떠 오르다, 생각나다)가 들어가야 자연스러운 문장이 된다.

빈출 説く(설득하다) | 欺く(속이다) | 犯す(죄를 범하다)

어휘 医師(의사) | 最良(최량, 가장 좋은) | 治療法(치료법) | 気象予報士(기상예보사) | 天気予報(일기예보) | 気温(기온) | 変化(변화) | 慰める(위로하다) | アイディア(아이디어) | 手帳(수첩) | メモ(메모)

23 정답 2 품사 명사

1. 来週の内訳を確認したが、予定がないのは木曜の夜だけだ。
2. 前回の出張費の内訳を見たら、交通費の割合が予想外に高かった。
3. 司会者は進行を間違えないように、式の内訳を何度も見直した。
4. 家族の健康のため、栄養の内訳を考えて食事を作っている。

---

1. 다음주 내역을 확인했는데, 예정이 없는 것은 목요일 밤 뿐이다.
2. 지난 번 출장비 내역을 봤더니, 교통비 비율이 예상외로 높았다.
3. 사회자는 진행을 틀리지 않도록, 식의 내역을 몇 번이나 다시 봤다.
4. 가족 건강을 위해서, 영양 내역을 생각해서 식사를 만들고 있다.

해설 「内訳(내역)」은 '금액이나 물건의 총액, 총량에 대해서 그 내용을 항목별로 적는 것'을 의미하며, 시간이나 형태가 없는 것 등에는 사용하지 못한다. 따라서, 가장 자연스럽게 사용된 것은 2번이 된다.

오답 1번은 スケジュール(스케줄) 3번은 流れ(흐름) 4번은 バランス(균형)이 들어가야 자연스러운 문장이 된다.

빈출 言い訳(변명) | 日夜(밤낮, 늘) | 目下(목하, 지금)

어휘 確認(확인) | 予定(예정) | 出張費(출장비) | 交通費(교통비) | 割合(비율) | 予想外(예상외) | 司会者(사회자) | 進行(진행) | 間違える(틀리다, 잘못하다) | 見直す(재고하다, 다시 보다) | 健康(건강) | 栄養(영양)

24 정답 1 동사

1. この事件は、複数の目撃者の話がそれぞれ食い違っており、不明な点が多い。
2. 金庫を開けようと思ったが、どの鍵も食い違って開けられなかった。
3. 何だか歩きにくいと思ったら、サンダルの左右が食い違っていた。
4. 調味料を変えたのか、この料理はいつもと味が食い違っているように感じる。

1. 이 사건은, 복수의 목격자 이야기가 각각 엇갈려 있어, 불명확한 점이 많다.
2. 금고를 열려고 생각했는데, 어느 열쇠도 엇갈려 열 수가 없었다.
3. 어쩐지 걷기 힘들다고 생각했더니, 샌들 좌우가 엇갈려 있었다.
4. 조미료를 바꾸었는지, 이 요리는 여느 때와 맛이 엇갈려 있는 것처럼 느낀다.

해설 「食い違う(엇갈리다)」는 '의견 등이 일치하지 않는' 것, 혹은 '사물의 연결 부분이 잘맞지 않는' 것을 의미한다. 1번 문장은 '목격자의 이야기(의견)가 각각 엇갈리다'라는 의미이므로, 가장 알맞게 사용된 것은 1번이다. 2번의 경우 열쇠의 연결 부분이 맞지 않는 것이 아니며, 3번은 좌우가 다르다는 의미이므로 「食い違う(엇갈리다)」를 사용할 수 없다.

오답 2번은 合わない(맞지 않다) 3번은 履き違える(잘못 신다) 4번은 違う(다르다)가 들어가야 자연스러운 문장이 된다.

빈출 組み合わせる(짜 맞추다, 조합하다) | 違える(다르게 하다) | 解ける(풀어지다)

어휘 事件(사건) | 複数(복수) | 目撃者(목격자) | それぞれ(각각) | 不明(불명확) | 金庫(금고) | 鍵(열쇠) | 何だか(어쩐지, 무언가) | サンダル(샌들) | 左右(좌우) | 調味料(조미료) | 料理(요리) | いつも(여느 때, 언제나, 늘)

25 정답 3 な형

1. 雑誌で紹介されてから、この商品への過密な注文が続いているらしい。
2. 水質汚染に関して人々の抗議が過密になり、政府は対策を迫られている。
3. 今回の出張は過密なスケジュールで、ゆっくり食事する時間もなさそうだ。
4. 春になると、この池の周りには、色とりどりの花が過密に咲き乱れる。

1. 잡지에서 소개되고 나서, 이 상품에 과밀한 주문이 이어지고 있다고 한다.
2. 수질 오염에 관해서 사람들의 항의가 과밀해져서, 정부는 대책에 쫓기고 있다.
3. 이번 출장은 과밀한 스케줄로 느긋하게 식사할 시간도 없을 것 같다.
4. 봄이 되면, 이 연못 주변에는 각양각색의 꽃이 과밀하게 어우러져 핀다.

해설 「過密(과밀)」은 '시간이나 공간 등이 조금의 여유도 없이 빡빡하게 들어가 있는 것'을 의미하며, 「過密なスケジュール/ダイヤ/都市(과밀 스케줄/운행시간/도시)」처럼 사용된다. 따라서, 알맞게 사용된 것은 3번이다.

오답 1번은 過度(과도) 2번은 過激(과격) 4번은 いっせい(일제히)가 들어가야 자연스러운 문장이 된다.

빈출 過酷(가혹한) | 親密(친밀한) | 密か(몰래, 가만히)

어휘 雑誌(잡지) | 紹介(소개) | 商品(상품) | 注文(주문) | 水質汚染(수질오염) | 抗議(항의) | 政府(정부) | 対策(대책) | 迫る(독촉하다, 재촉하다) | 出張(출장) | 池(연못) | 周り(주위, 주변) | 色とりどり(각양각색) | 咲き乱れる(어우러져 피다, 난만하게 피다)

1교시 언어지식(문법)

問題5 / 문제5 次の( )に入れるのに最もよいものを、1・2・3・4から一つ選びなさい。
다음 ( )에 넣는데 가장 적당한 것을 1・2・3・4에서 하나 고르시오.

26 정답 4

朝の満員電車。車内の混雑を(**よそに**)、私の目の前に座っている学生風の男は、平然とノートパソコンを広げて、作業に没頭していた。

아침의 만원 전철. 차 안의 혼잡을 (**아랑곳하지 않고**), 내 앞에 앉아 있는 학생풍의 남자는, 태연하게 노트북을 펼쳐서 작업에 몰두하고 있었다.

문형 명사 + をよそに ~을 무시하고, 신경 쓰지 않고, 관계 없이

해설 우선 문장의 내용을 잘 파악하여, 흐름상 자연스럽지 않은 오답을 제외해 가는 것이 중요하다. 이 문제에서는 선택지 1번 「含めて(포함하여)」와 2번「もとに(토대로)」는 문맥의 흐름상 어색하므로 소거하고 3번과 4번 중에서 고르면 된다. 「명사 + をよそに」는 '~을 무시하고, 신경 쓰지 않고, 관계 없이'라는 의미를 나타내는데, 「心配(걱정)、期待(기대)、反対(반대)、批判(비판)、忠告(충고)…」 등, 함께 자주 쓰이는 단어들도 기억해 두면 좋다. 이 문제에서는 '혼잡을 신경쓰지 않고, 노트북을 펼쳐, 작업에 몰두하고 있었다'는 흐름이므로, 정답은 4번이다.

오답 1 ~を含めて(~을 포함하여) 2 ~をもとに(~을 토대로) 3 ~を除いて(~을 제외하고)

어휘 満員電車(만원 전철) | 社内(차 안) | 混雑(혼잡) | 平然と(태연하게) | 作業(작업) | 没頭(몰두)

27 정답 2

私の父は、(**読み**)もしないで漫画を批判するから、本当に嫌になる。

내 아빠는 (**읽지**)도 않고 만화를 비판하니까, 정말 싫어진다.

문형 동사 ます형 + もしないで/せずに 전혀 ~ 하지 않고

해설 최근에는 접속 형태를 묻는 문제보다는 기능어가 2~3개 접속되거나, 문맥의 내용을 잘 파악해야 정답을 고를 수 있는 문제가 많이 출제되고 있으나, N1, N2 레벨의 기능어의 접속 형태를 묻는 문제도 꾸준히 1~2문제 정도 출제되니 접속 형태도 빠뜨리지 말고 잘 기억해 두자. 「동사 ます형 + もしないで」는 '전혀, 조금도 ~하지 않는다'는 의미로, 일반적으로는 그렇게 하는 것이 당연한데도 불구하고, 상대가 전혀 그렇게 하지 않는다고 화자가 불만을 갖고 있다는 것을 나타내려고 할 때, 상대를 비난하는 마음을 표현하고자 할 때 사용하는 문형이다. 일상회화에서도 자주 사용된다.

오답 1 読まない(읽지 않는다) 3 読もう(읽자) 4 読んで(읽고)

어휘 漫画(만화) | 批判(비판) | 嫌になる(싫어 지다, 정 떨어지다)

| 28 | 정답 3 |

(卒業生へのインタビューで)
聞き手「学生時代にやったことで、今の仕事に役立っていることは何でしょうか。」
田中　「ラグビー部での経験ですね。チームワークの大切さを痛感しました。（ もっとも ）、それは去年企画チームのリーダーになって初めて気づいたことですが。」

(졸업생에 대한 인터뷰에서)
묻는 사람 "학생 시절에 한 것에서, 지금 일에 도움이 되고 있는 것은 무엇일까요?"
다나카　"럭비부에서의 경험입니다. 팀 워크의 소중함을 통감했습니다. (무엇보다), 그것은 작년 기획 팀리더가 되고 비로소 깨달은 일입니다만."

문형 もっとも 무엇보다도, 가장, 당연한, 전혀

해설 접속사를 고르는 문제는 단락과 단락, 혹은, 문맥의 흐름을 정확히 파악하는 것이 중요하다. 이 문제에서 화자는, "팀 워크의 소중함을 깨달았다"고 한 뒤에 "작년에 기획팀 리더가 되고서 비로소 깨달았다"고 이유를 부연 설명하고 있다. 「もっとも(무엇보다도)」는 앞에 나온 내용을 긍정하면서도, 예외가 되거나 일부 상반되는 내용을 보충할 때 사용하는 접속사이다. 따라서 정답은 3번이 된다. 「要するに(요컨데)」는 '앞에 나온 내용을 정리할 때' 사용하며, 「あるいは(혹은)」는 '2개 이상의 것 중에서 하나', 「ついては(따라서)」는 '어떤 사항으로 인한 결론이나, 앞의 내용에 필요한 사항을 말할 때' 사용하는 표현이다.

오답 1 要するに(요컨데)　2 あるいは(혹은)　4 ついては(따라서)

어휘 卒業生(졸업생) | 仕事(일) | 役立つ(도움이 되다) | 経験(경험) | チームワーク(팀 워크) | 痛感(통감) | 企画(기획) | 初めて(처음으로, 비로소)

| 29 | 정답 1 |

村の郷土史をまとめるにあたり、今年90歳になる元村長の東山さんにお話を伺った。村に初めて汽車が走ったときのことを鮮明に覚えて（ おいでになり ）、その記憶力に驚いた。

마을의 향토사를 정리하는데 있어, 올해 90살이 되는 전 촌장인 히가시야마 씨에게 이야기를 물었다. 마을에 처음 기차가 달렸을 때의 일을 선명하게 기억하고 (계셔서) 그 기억력에 놀랐다.

문형 おいでになる 계시다, 오시다, 가시다

해설 존경어나 겸양어, 수동사역을 고르는 문제는 2~3문제 정도 꾸준히 출제되는 문제이며, 문장의 주어와 술어 관계를 잘 파악해두는 것이 정답을 찾는 포인트이다.
　이 문장에서는 우선, '선명하게 기억하'고 있는 것이 누구인지를 찾는 것이 중요한데, '마을에 처음 기차가 달렸을 때의 일을 선명하게 기억'하고 있는 것은 '전 촌장인 히가시야마 씨'이므로 상대방을 높이는 존경어를 써야 하므로 정답은 1번이 된다. 「おいでになる」는 「行く(가다)、来る(오다)、いる(있다)」의 존경어로, 「いらっしゃる(오시다, 가시다, 계시다)」와 거의 같은 의미이지만, 「いらっしゃる(오시다, 가시다, 계시다)」보다 존경의 의미가 강하며, 비즈니스와 같이 격식을 차려야 하는 장면에서 많이 사용된다. 선택지 2~4번은 상대방을 높이기 위해 자신의 행동을 겸양해서 표현하는 '겸양어'이다.

오답 2 差し上げる([내가 상대방에게] 해 드리다)　3 まいる(오다, 가다의 겸양어)　4 申し上げる([내가 상대방에게] 말씀 드리다)

어휘 郷土史(향토사) | ～にあたり(～할 때, ～하기 전에) | 元～(원～, 전～) | 村長(촌장) | 伺う(여쭙다) | 鮮明に(선명하게) | 記憶力(기억력) | 驚く(놀라다)

30 정답 3

(求人サイトの「よくある質問」で)
Q：インテリアに関する知識がないのですが、働けますか。
A：研修があるので大丈夫です。知識はある（ に越したことはありません ）が、それよりも人柄や仕事に取り組む姿勢を重視しています。

(구인 사이트의 '자주 있는 질문'에서)
Q：인테리어에 관한 지식이 없는데, 일할 수 있을까요?
A：연수가 있기 때문에 괜찮습니다. 지식은 있는 (것보다 좋은 것은 없습니다)만, 그것보다도 인품이나 일에 임하는 자세를 중시하고 있습니다.

문형 동사 기본형/ ない형/い형용사 /い형용사いくない/な형용사である/명사 + に越したことはない　~하는 편이 안전하다, ~하는 것보다 좋은 것은 없다

해설 기능어 중에는 원래 동사의 의미가 남아 있는 경우가 있으며, 그런 기능어의 경우에는 문맥의 흐름을 잘 파악하면 정답을 쉽게 찾을 수 있다. 이 문제에서는 대화의 흐름상, '지식이 있는 것 보다 인품 등이 중요하다'라는 의미이므로, 정답은 3번이 된다. 「に越したことはない」는 '일반적으로 생각해서, 그렇게 하는 것이 안전하다' 또는 '물론 A도 중요하지만 그것 만으로는 안 된다'는 의미로 앞의 내용을 일부 부정할 때 사용된다. '지식도 중요하지만, 지식 만으로는 안 된다'는 뒷부분을 강조하는 의미로 사용되고 있다.

오답 1 にすぎない(~에 지나지 않는다)　2 ～は否めない(~은 부정할 수 없다)　4 ～といっても過言ではない(~라고 해도 과언이 아니다)

어휘 求人(구인) | 知識(지식) | 働く(일하다) | 研修(연수) | 人柄(인품) | 取り組む(임하다, 몰두하다) | 姿勢(자세) | 重視(중시)

31 정답 3

(お知らせで)
水道管破裂による断水のため、8月12日まで市民プールの営業を休止します。復旧状況（ 次第では ）、営業再開が遅れる可能性がありますので、ご了承ください。

(알림)
수도관 파열에 의한 단수 때문에, 8월 12일까지 시민 수영장 영업을 중지합니다. 복구상황 (에 따라서), 영업 재개가 늦어질 가능성이 있으니 양해해 주세요.

문형 | 명사 + 次第では | ~에 따라서, ~여하로 결정됨, ~나름으로

해설 기능어를 고르는 문제에서는 먼저 접속 형태에 맞지 않는 선택지를 소거하고, 나머지는 문맥의 흐름상 자연스러운 선택지를 골라야 한다.
「A 次第では B」는 '지금으로서는 가능성은 적지만 A의 상황에 따라서는 B가 될 가능성도 있다'는 의미를 나타낸다. 이 문장에서는 문맥상 "8월 12일까지 영업 중지" 예정이나, "복구 상황이 늦어질 경우 영업 재개가 늦어질 가능성도 있다"는 의미이므로 정답은 3번이 된다. 「次第」는 '동사ます형'에 접속하여, '~하면 바로'라는 뜻을 나타내므로, 여기에서는 사용할 수 없다.

오답 1 次第には(차츰에는) 2 次第に(차츰, 점차) 4 次第(~하면 바로)

어휘 水道管(수도관) | 破裂(파열) | 断水(단수) | 市民プール(시민 수영장) | 営業(영업) | 休止(휴지, 중지) | 復旧(복구) | 再開(재개) | 了承(납득, 양해)

---

32 정답 4

クレジットカードの番号等、他人に（**知られては**）困る情報は、電子メールには書かないほうがいいそうだ。

신용카드 번호 등, 타인에게 (**알려지면**), 곤란할 정보는 전자 메일에는 쓰지 않는 편이 좋다고 한다.

문형 동사/형용사/명사 て(で)형 + て(で) ~알려져서는 곤란하다

해설 N1 문법 파트에서는 괄호 전후를 포함하여 2개 이상의 기능어가 복합적으로 연결되어 있는 경우가 많다. 이 문제에서는 「知る(알다)」의 수동, 자발(自発)형태인 「知られる(알려지다)」와 「~ては困る(~해서는 곤란하다)」가 결합된 형태이다. 「~ては困る(~해서는 곤란하다)」는 「してはいけない(~해서는 안 된다, 금지)」보다 약하게 상대에게 금지나 경고의 의미를 전달할 때 사용되는 표현으로, 「~ては困る(~해서는 곤란하다)」 앞에는 수동형이나 자발(自発)의 형태가 오는 경우가 많다. 여기에서는 "타인에게 알려지면 곤란한 정보는 전자 메일에 쓰지 않는 편이 좋다"고 상대방에게 가볍게 충고, 조언하고 있으므로 수동형이 들어가야 자연스러운 문장이 되므로, 정답은 4번이다.

오답 1 知っていても(알고 있어도) 2 知っていなくても(알고 있지 않아도) 3 知らなくては(모르면)

어휘 クレジットカード(신용 카드) | 番号(번호) | 等(~등) | 情報(정보) | 電子メール(전자메일) | ~ほうがいい(~편이 좋다)

---

33 정답 2

仕事は、決められた時間内に、いかに成果を上げるかが大切であり、単に時間をかけて（**がんばればいいというものではない**）と私は思う。

일은, 정해진 시간 내에, 얼마나 성과를 올리는지가 중요하며, 단순히 시간을 들여서 (**노력하면 된다는 것은 아니다**) 라고 나는 생각한다.

문형 ~ばいいというものではない | ~하면 된다는 것은 아니다, ~라면 좋다고는 할 수 없다

해설 최근의 N1 문법 파트 문제 경향 중의 하나가, 유사한 역할을 하는 기능어나, 헷갈리기 쉬운 기능어의 의미 차이를 묻기보다, 문장을 꼼꼼히 읽고, 문맥상 사용이 자연스럽거나, 2개 이상의 기능어가 복합적으로 연결되어 있는 기능어를 묻는 문제가 많이 출제된다는 점을 들 수 있다. 괄호 전후 의미만 파악하지 말고 문장을 차분히 읽고, 의미를 잘 파악하는 것이 중요하다.

「Aばいいというものではない」는 「すれば(~라면, 조건)」에 「というものではない(~라는 것은 아니다)」가 연결된 형태로, '대부분의 경우 A라면 좋지만, 가끔 예외도 있다'는 것을 나타낼 때 사용한다. 여기에서는 '정해진 시간 내에 성과를 올리는 것이 중요'하며, '시간을 들인다고 해서 좋은 것은 아니다'라는 의미이므로, 괄호에 넣어 자연스럽게 연결되는 것은 2번이다.

오답 1 がんばることだといってもおかしくない(노력하는 것이라고 해도 이상하지 않다) 3 がんばることでしかない(노력하는 것 밖에 없다) 4 がんばりようがない(노력할 방도가 없다)

어휘 仕事(일) | いかに(얼마나, 어떻게) | 成果(성과) | 単に(단순히) | 時間をかける(시간을 들이다)

34 정답 1

現在、潜水調査船を用いた調査研究が進展中であり、いずれ近いうちに海底のより詳細な地質構造が明らかに
(なるものと思われる)。

현재, 잠수 조사선을 이용한 조사 연구가 진전 중이며, 얼마 안 있어 가까운 시일 내에 해저의 보다 상세한 지질 연구가 분명해
(질 것이라고 생각된다).

문형 동사/형용사/명사 보통형 + ~ものと思われる 아마~일 것이다, 아마 ~라고 생각한다

해설 N1 레벨의 기능어 중 원동사의 의미가 남아 있는 문형은 접속 형태나 의미를 정확하게 모르더라도 당황하지 말고, 문장의 시제 등에 주의하며 의미를 파악해 가면 정답을 찾을 수 있다.
「ものと思われる」는 동사, 명사, 형용사의 보통형에 접속하며(단, 「な형용사 사전형 + なものと思われる」, 「명사 사전형+であるものと思われる」), 추측을 나타내는 문형이다. 조금 딱딱한 표현으로, 주로 문장이나 격식을 차린 정중한 장면에서 사용되는 경우가 많다.
여기에서는, 「いずれ(얼마 안 있어, 머지않아)」라는 멀지 않은 미래를 말하는 부사가 있으므로, 괄호 안에 과거 시제는 들어갈 수 없다. 또한, 「明らかにする(분명하게 하다)」는 주어인 화자가 '분명히 하다'는 의미가 되므로 문맥의 흐름상 사용할 수 없다. 따라서 정답은 1번이 된다.

오답 2 するという思いがある(~한다는 생각이 있다) 3 なったかに思える(~된 것처럼 생각된다) 4 するだろうと思う(~할 것이라고 생각한다)

어휘 潜水調査船(잠수 조사선) | 研究(연구) | 進展(진전) | ~中(~하는 중) | いずれ(머지않아, 얼마 안 있어) | 海底(해저) | 詳細(상세) | 地質(지질) | 構造(구조)

35 정답 4

山下 「あのう、西村先輩。私、今日でこのサークルを(辞めさせてもらおうかと思って)。」
西村 「ええ？辞める？急にどうして？」

야마시타 "저어, 니시무라 선배님. 저, 오늘로 이 서클을 (그만둘까 하고…)"
니시무라 "뭐어? 그만둬? 갑자기 왜?"

문형 ~させてもらおう + と思う ~하려고 생각하고

해설 존경어나 겸양어에 관련된 문제도 1문제 이상 꼭 출제되는데, 존경어(겸양어), 수동, 사역에 관한 문제는 문장의 주어, 술어, 동작의 주체를 정확히 파악해야 한다. 이 문장에서는, 선배에게 서클을 그만두겠다고 말하는 장면인데, 일본어에서는 회사 등을 그만둘 때는 '상대에게 허락'을 받는 「させてもらう(~하다)」 문형을 사용한다. 자신이 어떤 행동을 하도록 허락해준 상대방에게 감사하는 마음을 전하는 표현인데, 회사 등을 그만 둘 때는 관용적으로 「辞めさせてもらう(그만두다)」라는 표현을 사용한다. 참고로, 「辞めさせていただく(그만두다)」는 「辞めさせてもらう(그만두다)」의 겸양어이다.

오답 1 辞めさせてしまわれたのでしょうか(그만두게 해 버린 것일까) 2 辞めてしまったのかと思って(그만둬 버렸는가 생각하고) 3 辞めさせたらどうでしょうか(그만두게 하면 어떨까요?)

어휘 先輩(선배) | 辞める(그만두다) | 急に(갑자기, 급히) | どうして(왜, 어째서)

問題6 / 문제6

次の文の ★ に入る最もよいものを、1·2·3·4から一つ選びなさい。

다음 문장의 ★ 에 들어갈 가장 적당한 것을 1·2·3·4에서 하나 고르시오.

---

36 정답 2 (2 - 4 - 3 - 1)

「アセビ」という、白い花を咲かせる樹木を漢字で「馬酔木」と書くのは、アセビには　2. ★ 有毒成分があり　4. 馬が食べると酔ったような　3. 状態になることに　1. 由来する　そうです。

'마취목'이라는, 하얀 꽃을 피우는 수목을 한자로 '마취목'이라고 쓰는 것은, 마취목에는　2. ★ 유독성분이 있어　4. 말이 먹으면 취한 것 같은　3. 상태가 되는 것에　1. 유래한　다고 합니다.

해설 문장 만들기 파트는 먼저, 접속 형태 등을 파악하여 연결할 수 있는 것이 있는지 판단한 뒤에, 문장의 흐름상 가장 자연스럽게 연결되는 것을 나열해야 한다.

우선, 문장 끝부분의 「そうです(~라고 합니다)」는 명사나 い형용사, 동사의 보통형에 접속하므로 1번이 맨 끝에 와야 한다. 또한, 「馬が食べると酔ったような(말이 취한 것 같은)」 뒤에는 명사가 와야 하므로 4번 + 3번을 연결해 '말이 취한 것 같은 상태가 되는 것에'가 된다는 것을 알 수 있다. 따라서 올바르게 배열하면 2-4-3-1이 되고, 정답은 2번이다.

어휘 アセビ(마취목) | 馬酔木(마취목) | 樹木(수목) | 漢字(한자) | 有毒(유독) | 成分(성분) | 酔う(취하다) | 由来(유래)

---

37 정답 1 (3 - 2 - 1 - 4)

家族の時間を大切にする夫は、つい　3. 仕事に夢中になりすぎる　2. 私に　★ 1. 本当に大切なものは何なのか　4. 気づかせてくれる　ありがたい存在です。

가족의 시간을 소중히 하는 남편은 무심코　3. 일에 너무 열중하는　2. 나에게　1. ★ 정말로 소중한 것은 무엇인가　4. 깨닫게 해주는　고마운 존재입니다.

해설 「してくれる(~해 주다)」의 문형을 묻는 문제이다. 행위의 수수표현인 「してくれる」는 [주어(행위, 동작 등을 주는 사람)

84　JLPT 공식 문제집 N1 ver2.0

が/は 동작이나 행위의 상대 に ~を ~てくれる]라는 문형을 갖는다. 하지만, 이 선택지 안에는 「~を」가 보이지 않으므로, 「~を」가 붙을 수 있는 것을 찾아야 하는데, 여기에서는 1번「本当に大切なものは何なのか」밖에 없으므로 2번 + 1번이라는 것을 유추해 낼 수 있다. 그리고, 문장의 흐름상 2번「私(나)」앞에는 3번이 오는 것이 자연스러우므로 올바르게 배열하면 3-2-1-4가 되고, 정답은 1번이다.

어휘 家族(가족) | つい(무심코, 그만) | 夢中(열중함, 몰두함) | 気付く(깨닫다) | ありがたい(고맙다)

---

38 정답 4 (2 – 3 – 4 – 1)

Z県知事の林和夫氏は、週刊誌で、脱税を行った　**2. 疑いがあるなどと**　**3. 報じられた**　**4. ★ ことに対して**　**1. 事実とは全く**　異なり、名誉を傷つけられたとして、発行元のX社を相手取り訴訟を起こした。

Z현 지사인 하야시 카즈오 씨는 주간지에서, 탈세를 행한　**2. 의심이 있다 등이라고**　**3. 보도된**　**4. ★ 것에 대해서**　**1. 사실과 전혀**　다르며, 명예를 훼손당했다고, 발행처인 X사를 상대로 소송을 일으켰다.

해설 이 문제는, 접속 형태 등으로 연결할 수 있는 것이 적으므로, 차분하게 읽고 문맥의 흐름이 자연스러운 것을 골라야 한다. 먼저, 1번의「全く(전혀)」는 부사로, 동사나 형용사, 부사구를 수식할 수 있는데, 문맥의 흐름상 '전혀 다르다'가 자연스러우므로, 1번을 맨 끝에 배열해 둔다. 그리고, 4번의「ことに対して」앞에 올 수 있는 것은 2번이나 3번이지만, 2번의「などと」는「ことに対して」앞에 올 수 없으므로, 3번 + 4번이 된다는 것을 유추해 낼 수 있다. 따라서 올바르게 배열하면, 2-3-4-1이 되고, 정답은 4번이다.

어휘 県(현, 일본의 행정구역) | 知事(지사) | 週刊誌(주간) | 脱税(탈세) | 疑い(의혹, 우려) | 報じる(보도하다) | 異なる(다르다) | 名誉(명예) | 発行(발행) | ~元(~처, 어떤 것의 근원) | 訴訟(소송)

---

39 정답 3 (4 – 2 – 3 – 1)

Q鉄道が10年ぶりに運賃値上げに踏み切った。安全対策や原油の高騰で支出が増え、経営努力だけでは対応しきれないと判断　**4. して**　**2. の**　**3. ★ ことだ**　**1. という**　。

Q철도가 10년 만에 운임 인상을 단행했다. 안전 대책과 원유 가격 급등으로 지출이 늘어, 경영 노력만으로는 대응할 수 없다고 판단　**4. 해서**　**2. 의**　**3. ★ 일이다**　**1. 라고 한다.**

해설「~は~てのことだ」라는 문형을 알고 있다면, 쉽게 풀 수 있는 문제이다.「AはBてのことだ」는 'B가 있기 때문에 A가 성립한다, 혹은 가능하다'라는 의미를 나타내는 문형으로, 선택지를 알맞게 배열하면 4번 + 2번 + 3번이 되고, 1번 + 4번은 연결될 수 없으므로, 1번이 맨 마지막에 와야 한다는 것을 알 수 있다. 따라서 정답은 3번이 된다.

어휘 鉄道(철도) | 運賃(운임) | 値上げ(가격 인상) | 踏み切る(단행하다, 결단하다) | 対策(대책) | 原油(원유) | 高騰(고등) | 支出(지출) | 努力(노력) | 対応(대응) | 동사 ます형 + きる(끝까지 ~ 하다, 다 ~하다)

40 정답 2 (1-3-4-2)

世の中にはさまざまな資格があふれているが、資格を取った ___1. だけ___ ___3. で___ ___4. 希望の職につける___ ___2.★ほど___ 世間は甘くないらしい。

세상에는 여러 자격증이 넘치고 있지만, 자격을 취득한 ___1. 만___ ___3. 으로___ ___4. 희망하는 직업에 취업할 수 있을___ ___2. 정도로___ 세상은 쉽지 않은 것 같다.

해설 「だけ(만, 만큼)」은 범위나 정도, 「ほど(정도)」는 정도를 나타내는 부조사이다. 이 2개의 부조사는 접속하여 사용할 수 없는데, 문맥의 흐름상, "자격증을 딴 것만으로 원하는 직업을 가질 수는 없다"라는 의미가 되어야 자연스러우므로, 1번 + 3번을 연결할 수 있다. 그리고,「で」에「ほど」를 접속할 수 없으므로, 올바르게 배열하면 1-3-4-2가 되고 정답은 2번이다.

어휘 資格(자격) | 取る(갖다, 따다, 취득하다) | 希望(희망) | 職につく(취업하다, 직업을 갖다) | 世間(세상)

問題8 / 문제8

次の文章を読んで、文章全体の趣旨を踏まえて 41 から、 45 の中に入る最もよいものを、1・2・3・4から一つ選びなさい。

다음 문장을 읽고, 문장 전체의 취지를 토대로 하여 41 에서 45 중에서 가장 좋은 것을 1・2・3・4에서 하나 고르시오.

以下は、小説家が書いたエッセイである。

이하는, 소설가가 쓴 에세이다.

十人十色

マニュアルというものが、この世には存在する。機械を買った場合には、これを読む。書かれてある通りに動かないと困る。ビデオの再生ボタンを押したのに、録画が始まってはたまらない。ところが、生き物はそうはいかない。あちらに通用したことが、 41 こちらにいえるとは限らない。

うちで、ねこを飼い始めた当座は、何も分からなかった。吐いたりすると、それだけでびっくりしてしまった。あわてて、ねこを飼っている人に電話した。一番にかけたところが留守だと、ますます、動揺する。結局、関西の知り合いにまでかけて、「心配ありませんよ。ねこは吐くものですよ」という言葉をいただき、やっと安心。こんな具合だった。

각인각색

매뉴얼이라는 것이, 이 세상에는 존재한다. 기계를 산 경우에는, 이것을 읽는다. 쓰여져 있는 대로 움직이지 않으면 곤란하다. 비디오 재생 버튼을 눌렀는데, 녹화가 시작되면 참을 수 없다. 그런데 살아 있는 것은 그렇게는 되지 않는다. 저쪽에 통용된 것이 41 이쪽에 말할 수 있으리라고는 한정할 수 없다.

집에서, 고양이를 기르기 시작한 잠시 동안은, 아무것도 몰랐다. 토하거나 하면, 그것 만으로 깜짝 놀라 버렸다. 당황해서 고양이를 기르고 있는 사람에게 전화했다. 첫 번째로 건 곳이 부재중이면, 점점 더 동요한다. 결국, 간사이의 아는 사람에게까지 걸어서 "걱정없습니다. 고양이는 토하는 법이에요"라는 말을 듣고, 겨우 안심. 이런 상태였다.

さて、[42] そういう 時に、当然のことながら「ねこの飼い方」の本も読んだ。マニュアルである。なるほど――と思えることが書いてある。中でも納得したのが、[43] トイレのことだ。

――「動物にとって、用足し(注1)している時は、最も 無防備(注2)な状態です。襲われたら大ピンチ。その最中、人に近づかれることを、ねこはとても嫌います。飼い主は、離れるようにし、のびのびとした気分でさせてやりましょう」これは頷ける。そこで、ゆずが――うちのねこの名前はゆずという――そうする時は遠慮していた。

[44] ところがである。朝、ねこトイレ(注3)の砂をかきまわし、汚れ物を取り始めると、「ご苦労」というように、ゆずがやって来る。そして、まだトイレに手を入れているのに、「どけどけ」というように中に入ってくる。そして、足を踏ん張り、――行うのだ。これ見よがしに。(注4)

あの説得力のあるマニュアルは、一体全体、何だったのか。なるほど、生きているものには個性があると、あらためて、[45] 認識させられる出来事だった。

(注1) 用足ししている：大便や小便をしている
(注2) 無防備な状態：危険に備えていない様子
(注3) ねこトイレ：箱の底に砂などを敷いた、ねこ用のトイレ
(注4) これ見よがしに：自慢げに見せつけるように

그런데, [42] 그러한 때에, 당연하게 "고양이 기르는 법" 책도 읽었다. 매뉴얼이다. 과연――이라고 생각되는 것이 써 있다. 그 중에서도 납득한 것이 [43] 화장실의 일이다.

―― "동물에게 있어서 용무를 보고 있을 때는, 가장 무방비한 상태입니다. 덮쳐지면 큰 위기. 그 도중에 사람이 가까이 오는 것을, 고양이는 가장 싫어합니다. 주인은, 떨어지도록 하고, 느긋한 기분으로 하게 해 줍시다" 이것은 고개가 끄덕여진다. 그래서, 유즈가 ―― 우리집 고양이 이름은 유즈라고 한다 ―― 그렇게 할 때는 조심하고 있었다.

[44] 그런데이다. 아침, 고양이 화장실 모래를 섞어주고, 오물을 치우기 시작하자 "수고하네"라는 것처럼 유즈가 온다. 그리고, 아직 화장실에 손을 넣고 있는데 "비켜 비켜"라는 것처럼 안에 들어 온다. 그리고, 발에 힘을 주고 ―― 하는 것이다. 보란듯이.

그 설득력 있는 매뉴얼은 대관절 무엇이었던 것일까? 과연, 살아 있는 것에는 개성이 있다고, 다시 [45] 인식되는 사건이었다.

(주1) 용무를 보고 있다: 대변이나 소변을 보고 있다
(주2) 무방비한 상태 : 위험에 대비하지 않은 모습
(주3) 고양이 화장실 : 박스 밑에 모래 등을 깐, 고양이 용 화장실
(주4) 보란듯이 : 자랑스럽게 보여주는 것처럼

어휘 十人十色(십인십색, 각인각색) | マニュアル(매뉴얼) | 機械(기계) | 再生(재생) | 録画(녹화) | 通用(통용) | 当座(잠시, 당분간) | 吐く(토하다) | 動揺(동요) | 留守(부재중) | 具合(형편, 상태) | 当然のことながら(당연하게도, 당연히) | 納得(납득) | 用足し(용변, 볼일) | 無防備(무방비) | 襲う(덮치다, 습격하다) | のびのび(느긋하게, 마음 편하게) | 頷く(고개를 끄덕이다, 납득하다) | 遠慮(조심, 사양) | かきまわす(휘저어 섞다) | 汚れ物(오물) | これみよがし(보란듯이) | 説得(설득) | 一体全体(대관절, 도대체) | 個性(개성) | 認識(인식)

41 정답 2

1. こちらにはいえないこともない
2. **こちらにいえるとは限らない**
3. こちらにもいえるとは思わなかった
4. こちらにはいえないと思うのか

1. 이쪽에는 말하지 못할 것도 없다
2. **이쪽에 말할 수 있다고는 한정할 수 없다**
3. 이쪽에도 말할 수 있다고는 생각하지 않았다
4. 이쪽에는 말할 수 없다고 생각하는가?

해설 「あちらこちら」는 '여기저기, 이쪽저쪽'이란 의미로, 여러 장소를 나타낼 때 사용하는 표현이다. '여기에서 ~한 것이 다른 곳에서도 ~한다고는 한정할 수 없다'는 의미를 나타낼 때 관용적으로 「あちらで~したことが、こちらで~するとは限らない(저기에서 ~한 것이, 여기에서 ~한다고는 한정할 수 없다)」라는 표현을 사용한다. 필자는 살아 있는 생물은 "여기에서 통용됐다고 해서, 다른 곳에서 똑 같이 통용된다고 할 수는 없다", 즉 십인십색으로 각기 다 다르다고 설명하고 있으므로 2번 「こちらにいえるとは限らない」가 들어가야 자연스럽다.

42 정답 1

1. そういう	1. 그러한
2. する	2. 하는
3. あの	3. 저
4. やろうという	4. 하자는

해설 「さて(그런데)」는 하나의 화제가 끝나고 새로운 화제로 전환하려고 할 때 사용하는 접속 표현인데, 앞 단락에서 필자는 「うちで、ねこを飼い始めた当座は、何も分からなかった。(집에서, 고양이를 기르기 시작한 잠시 동안, 아무것도 몰랐다)」고 설명하고, 그 다음 단락에서는, '아무것도 몰랐을 때'에 「当然のことながら」「ねこの飼い方」の本も読んだ。(당연하게 '고양이 기르는 법' 책도 읽었다)」며 새로운 화제로 전환하고 있으므로, 공란에는 "아무것도 몰랐을 때"를 가리키는 지시어가 들어가야 한다. 따라서 정답은 1번 「そういう(그러한)」이 들어가야 한다.

43 정답 1

1. トイレのことだ	1. 화장실의 내용이다
2. トイレのことであるに違いない	2. 화장실의 내용임에 틀림 없다
3. トイレだからである	3. 화장실이니까이다
4. トイレだと聞いている	4. 화장실이라고 들었다

해설 필자는 "고양이 기르는 법"이란 책을 읽고 내용에 납득하였다고 설명하며, 다음 단락에서, 화장실에 관한 내용을 소개하고 있다. 따라서, 필자가 책에서 납득한 내용이 '화장실'에 관한 것이라고 알 수 있다. 2번의 「~に違いない(~임에 틀림없다)」는 '가능성이 굉장히 높다'라는 것을 나타내는 표현이며, 3번의 「~だからである(~이니까이다)」는 '원인이나 근거'를 제시할 때 사용하는 표현이다. 4번의 「~と聞いている(~라고 들었다)」는 전문을 나타내는 표현이다. 여기에서는 필자가 자신의 경험을 에피소드로 들며 소개하고 있으므로, 가능성을 나타내는 표현이나 전문은 사용할 수 없고, 문맥상 원인을 제시하는 것도 아님을 알 수 있다. 따라서, 정답은 1번이다.

44 정답 3

1. もっともである	1. 무엇보다도이다
2. 当然である	2. 당연하다
3. ところがである	3. 그런데이다
4. 例えばである	4. 예를들면이다

해설 필자는 "고양이 기르는 법"이란 책에서 읽은 내용과, 자신이 기른 고양이의 행동이 다르다는 것을 소개하고 있다. 앞 단락과 반대되거나 예상과 다른 결과가 제시될 때는, 역접의 접속 표현이 사용되어야 하며, 선택지 중 역접의 접속 표현은 3번 뿐이다. 글의 문법 파트에서는 접속 표현을 고르는 문제가 항상 1문제는 출제되니 꼭 체크해 두자.

45 정답 4

1. 認識させられたことがある	1. 인식한 적이 있다
2. 認識させられたおかげだ	2. 인식한 덕분이다
3. 認識させられる話があった	3. 인식한 이야기가 있었다
4. 認識させられる出来事だった	4. 인식한 사건이었다.

해설 사역 수동「させられる」는 자신의 의지와는 상관 없이, 하고 싶지 않은 것을 강제로 억지로 해야 할 때 사용하는 표현으로 '강제로, 억지로 ~하다'라는 의미로 해석할 수 있다. 필자는 자신이 기르는 고양이를 통해서 자신의 의도와는 상관없이「生きている物には個性がある(살아 있는 것에는 개성이 있다)」는 것을 깨달은 에피소드로써 소개하고 있으므로 정답은 4번이다. 이 에피소드가 좋은 결과였다는 평가는 하고 있지 않으므로 2번은 오답이다.

1교시　언어지식(독해) p28

問題8 / 문제8

次の(1)から(4)の文章を読んで、後の問いに対する答えとして最もよいものを、1・2・3・4から一つ選びなさい。

다음 (1)에서 (4)의 문장을 읽고, 다음 질문에 대한 답으로서 가장 좋은 것을 1·2·3·4에서 하나 고르시오.

---

46 정답 **3**

教師＝話す人、生徒＝聞く人という構造が知らず知らずのうちに教室空間にできあがり、そして固定化してしまうのは恐ろしいことではないかと思う。教師が先取りしてしまうことで、生徒が自分自身で考え、解決しようとする芽をつみとってしまう場合がある。
　いつも話し続けるのがコミュニケーションでない。教師側が沈黙し、「待つ」という行為も時には大切であろう。もう少し話したい、と思うところで一歩ひいてみること(注1)で、相手が言おうとすることを引き出すことができるのである。

(注)一歩ひいてみる：ここでは、話すのをやめてみる

교사 ＝ 말하는 사람, 학생 ＝ 듣는 사람이라는 구조가 아무도 모르는 사이에 교실 공간에 만들어지고, 그리고 고정화되어 버리는 것은 무서운 일이 아닐까 생각한다. 교사가 선점해 버리는 것으로 인해, 학생이 스스로 생각하고, 해결하려고 하는 싹을 뜯어내 버리는 경우가 있다.
　항상 계속 이야기하는 것이 커뮤니케이션이 아니다. 교사 측이 침묵하고 "기다린다"는 행위도 때로는 중요할 것이다. 조금 더 이야기하고 싶다, 고 생각하는 부분에서 한걸음 물러나 보는 것으로, 상대가 이야기 하려고 하는 것을 끄집어 낼 수가 있는 것이다.

(주) 한 걸음 물러서 보다 : 여기에서는, 이야기 하는 것을 그만둬 보다

46 筆者の考えに合うのはどれか。
1. 教師と生徒が自由に発言し合うことも必要だ。
2. 教師は生徒の考えを想像するべきだ。
3. **教師は生徒の発言を待つことも必要だ。**
4. 教師は生徒に沈黙の時間を与えないようにすべきだ。

46 필자의 생각에 맞는 것은 어느 것인가?
1. 교사와 학생이 자유롭게 서로 발언하는 것도 필요하다.
2. 교사는 학생의 생각을 상상해야만 한다.
3. **교사는 학생의 발언을 기다리는 것도 필요하다.**
4. 교사는 학생에게 침묵의 시간을 주지 않도록 해야한다.

어휘 教師(교사) | 生徒(생도, 학생) | 構造(구조) | 知らず知らずのうちに(아무도 모르는 사이에) | 空間(공간) | 固定化(고정화) | 恐ろしい(두렵다, 염려스럽다) | 先取りする(앞서다, 선점하다) | 解決(해결) | 芽(싹, 눈, 성공할 조짐이나 징조) | つみとる(뜯어 내다, 없애다, 제거하다) | 沈黙(침묵) | 行為(행위) | 一歩ひく(한 걸음 물러서다) | 引き出す(꺼내다, 끄집어 내다)

해설 필자의 주장이나 생각을 찾는 문제는 필자의 주장이 정리되어 있는 부분을 찾는 것이 중요한데, 필자의 주장을 나타낼 때는 「大切だ(소중하다), 重要だ(중요하다)」 등의 표현을 사용하는 경우가 많으므로, 이런 표현이 사용되어 있는 단락이나 문장에 주목해 보면 쉽게 정답을 찾을 수 있다. 특히, 단문의 경우 전체가 필자의 주장과 주장에 대한 예시라는 2개의 단락으로 구성되어 있는 경우가 많으므로, 특정 단어나 문장에 현혹되지 말고, 차분하게 전체 요지를 파악하는 것이 중요하다. 이 문장에서는 「教師側が沈黙し、「待つ」という行為も時には大切であろう(교사 측이 침묵하고, '기다린다'는 행위도 중요할 것이다)。」, 즉, 교

사는 "학생이 스스로 생각하고 해결하려는 것을 기다려야 한다"고 주장하고 있다. 따라서, 정답은 3번이 된다.

47 정답 2

以下は、ある市役所のホームページに掲載されたお知らせである。	이하는, 어느 시청 홈페이지에 게재된 알림이다.
2016年11月1日 スポーツ課	2016년 11월 1일 스포츠과
市民運動場の予約について 市民運動場の予約は、これまで管理事務所窓口で受け付けておりましたが、2017年2月1日よりインターネット上の予約システムでも行うことができるようになります。予約システムの利用は平日、土日祝日を問わず24時間可能で、予約は、窓口での予約と同様に、使用日の一か月前から受け付けます。 予約システムの利用に際しては、事前に利用者登録が必要となりますので、身分を証明できるものを持って管理事務所窓口にお越しください。 市民運動場管理事務所　〒002-3833　南松市中央町3-2 中央公園内 （受付時間：月曜日～金曜日 9:00~17:00）	시민 운동장 예약에 관하여 시민 운동장 예약은, 지금까지 관리사무소 창구에서 접수하고 있었습니다만, 2017년 2월 1일부터 인터넷 상 예약 시스템에서도 할 수가 있게 됩니다. 예약 시스템 이용은 평일, 토요일·일요일·축일 상관 없이 24시간 가능하며, 예약은, 창구에서의 예약과 마찬가지로, 사용일 1개월 전부터 접수합니다. 예약 시스템 이용에 즈음해서는 사전에 이용자 등록이 필요하기 때문에, 신분을 증명할 수 있는 것을 가지고 관리사무소 창구로 와 주세요. 시민 운동장 관리 사무소 〒002-3833 미나미마츠시 주오쵸 3-2 중앙 공원 내 (접수 시간 : 월요일~금요일 9:00~17:00)
47 市民運動場の予約について、このお知らせは何を知らせているか。 1. 管理事務所窓口での予約受付期間が変更になること 2. 管理事務所窓口で利用者登録をすれば、インターネット上で予約ができるようになること 3. インターネット上での予約受付時間がこれまでより長くなること 4. インターネット上の予約システムの導入により、管理事務所窓口での予約ができなくなること	47 시민 운동장 예약에 대하여, 이 알림은 무엇을 알리고 있는가? 1. 관리 사무소 창구에서의 예약 접수 기간이 변경되는 것 2. 관리 사무소 창구에서 이용자 등록을 하면, 인터넷 상에서 예약을 할 수 있게 되는 것 3. 인터넷 상에서의 예약 접수 시간이 지금까지 보다 길어지는 것 4. 인터넷 상의 예약 시스템 도입에 의해, 관리사무소 창구에서 예약을 할 수 없게 되는 것

어휘 課(과) | 市民(시민) | 運動場(운동장) | 予約(예약) | 管理事務所(관리 사무소) | 窓口(창구) | インターネット(인터넷) | 利用(이용) | 平日(평일) | 祝日(축일) | ~を問わず(~을 묻지 않고, 상관 없이) | 同様に(마찬가지로) | 受け付ける(접수하다) | ~に際して(~에 앞서, ~에 즈음하여) | 登録(등록) | 身分(신분) | 証明(증명) | お越しください(들러 주세요, 와 주세요) | 公園(공원) | ~内(~내, ~안)

해설 알림이나 공지문에서는 "1. 무엇에 관한 것(알림)인가, 2. 절차나 순서는 어떻게 되는가?" 이 2가지를 파악해 두는 것이 중요하다. 첫 문장에서「2017年2月1日よりインターネット上の予約システムでも行うことができるようになります。」(2017년 2월 1일부터 인터넷상의 예약 시스템에서도 (예약을) 할 수 있게 되었습니다.)고 설명하고 있으므로 '예약 시스템의 변경'에 관한 공지라는 것을 알 수 있다. 또한, 마지막 문장에서「予約システムの利用に際しては、事前に利用者登録が必要となりますので、身分を証明できるものを持って管理事務所窓口にお越しください。(예약 시스템 이용에 있어서는 사전에 이용자 등록이 필요하기 때문에, 신분을 증명할 수 있는 것을 가지고 관리 사무소 창구로 와 주세요.)」라고 '예약 시스템 이용에는 사전 등록이 필요'하다고 설명하고 있으므로, 정답은 2번이 된다.

48 정답 3

異文化間での対話を議論するときに、必ずといってよいくらい出てくるのが、価値観の理解と共有である。他者と対話を通して、人間関係を樹立していくには、自己の価値観を保存したままで、他者の価値観を理解するという方略だけでは十分ではない。相互的な働きかけを通じて、何か新たな価値を共有することが要求されるのである。すなわち、自らの価値観を相対化し、新たな価値を対話という共同作業を通して創り上げ、それを共有していく態度が必要なのだ。

이문화 사이에서 대화를 논의할 때, '반드시'라고 해도 좋을 정도로 나오는 것이, 가치관의 이해와 공유이다. 타인과 대화를 통해서, 인간관계를 수립해 가려면, 자기 가치관을 보존한 채로, 타인의 가치관을 이해한다는 방책만으로는 충분하지 않다. 상호적인 작용을 통해서 무언가 새로운 가치관을 공유하는 것이 요구되는 것이다. 즉, 자신의 가치관을 상대화하여, 새로운 가치를 대화라는 공동 작업을 통해서 만들어내고, 그것을 공유해 가는 태도가 필요한 것이다.

48 筆者によると、異文化間で対話を通して人間関係を築く上で最も大切なことは何か。

1. 自己の価値観を理解してもらおうとする態度
2. 自己の価値観を保ちながら、他者の価値観を理解する態度
3. 他者と自己の共通の価値観を創り上げていく態度
4. 他者の価値観の中に自己の価値観との共通点を見つける態度

48 필자에 의하면, 이문화 사이에서 대화를 통해서 인간관계를 쌓는데 있어서 가장 중요한 것은 무언가?

1. 자기 가치관을 이해해 받으려고 하는 태도
2. 자기 가치관을 유지하면서, 타인의 가치관을 이해하는 태도
3. 타인과 자기의 공통 가치관을 만들어 내는 태도
4. 타인의 가치관 속에 자기 가치관과의 공통점을 발견하는 태도

어휘 異文化(이문화) | ~間(~간, 사이) | 対話(대화) | 議論(의논, 논의) | 必ずいっていいくらい(반드시라고 해도 좋을 정도로) | 価値観(가치관) | 理解(이해) | 共有(공유) | 関係(관계) | 樹立(수립) | 保存(보존) | ~たまま(~한 채로) | 方略(방책, 계략) | 相互(상호) | 働きかけ(작용, 요구) | 要求(요구) | 相対化(상대화) | 新たな(새로운) | 共同(공동) | 作業(작업) | 創り上げる(만들어내다) | 態度(태도)

해설 「筆者によると~大切なことは何か(필자에 의하면~중요한 것은 무엇인가?)」와 같은 질문형태가 나올 경우 필자의 주장이 정리된 부분을 찾는 것이 포인트이다. 「すなわち(즉)、つまり(결국, 요컨데)、要するに(요컨데, 요약하자면)」 등은 앞에서 말한 내용을 알기 쉽게 설명하거나 중요한 내용을 다시 한 번 정리할 때 사용하는 접속 표현으로, 이러한 접속 표현 뒤에는 필자의 주장이 정리되어 있는 경우가 많다. 필자는 "새로운 가치를 대화라는 공동 작업을 통해서 창출해내고, 공유하는 태도가 필요하다"고 했으므로, 정답은 3번이다.

49 정답 1

以下は、劇を作ることを仕事にしている人が書いた文章である。	이하는, 극을 만드는 것을 직업으로 하고 있는 사람이 쓴 문장이다.
僕は「変な人」です。そうでなければ、こんな仕事はしてません。そして僕は「普通の人」です。だからこそこの仕事が成立しています。 「特別なもの」を生み出そうとするとき、それがどんなふうに特別なのかを「普通」という視点から見極める必要があります。「特別」と「普通」、定規を何度も持ち替えるのです。そのために自分の中の普通さを死守するのです。	나는 '이상한 사람'입니다. 그렇지 않으면, 이런 일은 하고 있지 않습니다. 그리고 나는 '보통 사람'입니다. 그러니까 이 일이 성립하고 있습니다. '특별한 것'을 만들어 내려고 할 때, 그것이 어떤 식으로 특별한 것인지를 '보통'이라는 시점에서 판정할 필요가 있습니다. '특별'과 '보통', 자를 몇 번이나 바꾸어 쥐는 것입니다. 그것을 위해서 자신 속에서 보통을 사수하는 것입니다.
49 この文章で筆者が述べていることは何か。 1. 「普通」という視点がないと、「特別なもの」は作れない。 2. 「普通の人」が普通のものを作ると、「特別なもの」になる。 3. 「変な人」が普通のものを作ると、「特別なもの」になる。 4. 「変な人」の視点でしか、「特別なもの」は作れない。	49 이 문장에서 필자가 말하고 있는 것은 무엇인가. 1. '보통'이라는 시점이 없으면 '특별한 것'은 만들 수 없다. 2. '보통 사람'이 보통 것을 만들면, '특별한 것'이 된다. 3. '이상한 사람'이 보통 것을 만들면 '특별한 것'이 된다. 4. '이상한 사람'의 시점에서 밖에 '특별한 것'은 만들 수 없다.

어휘 仕事(일, 직업) | 僕(나, 1인칭) | 変な(이상한) | 普通(보통) | だからこそ(그러니까, 그러니까 말로) | 成立(성립) | 特別(특별) | 生み出す(창출해 내다, 만들어 내다) | 視点(시점) | 見極める(판정하다, 터득하다) | 必要(필요) | 定規(자, 기준) | 持ち替える(바꿔 쥐다) | 死守(사수)

해설 「この文章で筆者が述べていることは何か(이 문장에서 필자가 말하고 있는 것은 무엇인가)」같은 형태의 질문은 '필자의 주장'을 찾으라는 문제이다. 필자의 주장은 순접의 접속사(「だから、そのため、それで、そこで、したがって、ゆえに、よって、すると、その結果…(그러니까, 그 때문에, 그래서, 그래서, 따라서, 그러므로, 따라서, 그러자, 그 결과)」) 전후의 문장을 주의 깊게 읽으면, 찾을 수 있다. 단, 특정 단락이나 문장만 읽으면 전체 내용이나 흐름을 파악하지 못하고 오독을 할 가능성이 있으니, 꼭 전체 내용을 다 읽도록 하자.

필자는 「「特別なもの」を生み出そうとするとき、それがどんなふうに特別なのかを「普通」という視点から見極める必要があります('특별한 것'을 만들어 내려고 할 때, 그것이 어떤 식으로 특별한 것인지를 '보통'이라는 시점에서 판정할 필요가 있습니다.).」라고 설명하며, '특별한 것'을 만들기 위해서는 '보통'의 시점이 필요하다고 강조하고 있다. 따라서, 정답은 1번이 된다.

問題9 / 문제9

次の(1)から(3)の文章を読んで、後の問いに対する答えとして最もよいものを、1・2・3・4から一つ選びなさい。

다음 (1)에서 (3)의 문장을 읽고, 다음 질문에 대한 답으로서 가장 좋은 것을 1・2・3・4에서 하나 고르시오.

(1)

人に従順な飼い犬は、もともとオオカミの仲間を飼い馴らしたものである。（中略）
ところが、「人間がオオカミを飼い馴らした」という話には謎が多い。犬が人間と暮らすようになったのは、15000年ほど前の旧石器時代のことであると推測されている。50 当時の人類にとって、肉食獣は恐るべき敵であった。そんな恐ろしい肉食獣を飼い馴らすという発想を当時の人類が持ち得たのだろうか。しかも犬を飼うということは、犬にエサをやらなければならない。わずかな食糧で暮らしていた人類に、犬を飼うほどの余裕があったのだろうか。また当時の人類は犬がいなくても、狩りをすることができた。犬を必要とする理由はなかったのである。
最近の研究では、人間が犬を必要としたのではなく、犬の方から人間を求めて寄り添ってきたと考えられている。51 犬の祖先となったとされる弱いオオカミたちは、群れの中での順位が低く、食べ物も十分ではない。52 そこで、人間に近づき、食べ残しをあさるようになったのではないかと考えられているのである。
弱いオオカミだけでは、狩りをすることができないが、人間の手助けをすることはできる。そして、やがて人間と犬とが共に狩りをするようになったと推察されている。こう考えると、当時、自然界の中で強い存在となりつつあった人間に寄り添うことは、犬にとって得なことが多かった。つまり、人間が犬を利用したのではなく、犬が人間を利用したかもしれないのである。

사람에게 순종적인 기르는 개는, 원래 늑대의 같은 무리를 길들인 것이다. (중략)
그런데, "인간이 늑대를 길들였다"는 이야기에는 수수께끼가 많다. 개가 인간과 생활하게 된 것은 15,000년 정도 전인 구석기 시대의 일이라고 추측되고 있다. 50 당시의 인류에 있어서, 육식 짐승은 두려워해야 할 만한 적이었다. 그런 무서운 육식 짐승을 길들인다는 발상을 당시 인류가 가질 수 있었을까? 게다가 개를 기른다는 것은 개에게 먹이를 주어야만 한다. 아주 조금의 식량으로 생활하고 있던 인류에게, 개를 기를 정도의 여유가 있었을까? 또, 당시 인류는 개가 없어도 사냥을 할 수 있었다. 개를 필요로 할 이유는 없었던 것이다.
최근 연구에서는 인류가 개를 필요로 한 것이 아니고, 개의 편에서 인류를 찾아 다가왔다고 생각되어지고 있다. 51 개의 선조가 되었다고 말해지는 약한 늑대들은 무리 속에서 순위가 낮고, 먹을 것도 충분하지 않다. 52 그래서, 인간에게 접근하여, 먹다 남긴 것을 찾아 뒤지게 된 것이 아닐까 생각되고 있는 것이다.
약한 늑대만으로는 사냥을 할 수 없지만, 인간을 도울 수는 있다. 그리고, 이윽고 인간과 개가 함께 사냥을 하게 되었다고 추측하고 있다. 이렇게 생각하면, 당시 자연계 속에서 강한 존재가 되고 있었던 인간에게 다가오는 것은 개에게 있어서 득인 부분이 많았다. 즉, 인간이 개를 이용한 것이 아니고, 개가 인간을 이용한 것일지도 모른다.

어휘 従順(순종) | もともと(원래) | オオカミ(늑대) | 仲間(한 무리, 동료) | 飼い馴らす(길들이다) | 謎(수수께끼) | 旧石器時代(구석기시대) | 推測(추측) | 人類(인류) | 肉食獣(육식수, 육식 짐승) | 発想(발상) | 敵(적) | しかも(게다가) | エサ(먹이) | 食糧(식량) | 余裕(여유) | 狩り(사냥) | 研究(연구) | 寄り添う(달라붙다, 다가가다) | 祖先(선조) | 群れ(무리) | 順位(순위) | 食べ残し(먹다 남긴 것) | あさる(찾아 헤매다, 뒤지다) | 手助け(도움) | 推察(추측) | 自然界(자연계) | 得(득) | 邪魔(방해) | 頼り(의지, 믿음) | 追い出す(쫓아 내다) | きっかけ(계기) | 危険(위험)

50 정답 3

謎が多いとあるが、謎に合うのはどれか。	수수께끼가 많다고 있는데, 수수께끼에 맞는 것은 어느 것인가?
1. 犬ではなくオオカミを飼おうとしたこと	1. 개가 아니고 늑대를 기르려고 한 것
2. オオカミを肉食獣だと思わなかったこと	2. 늑대를 육식 동물이라고 생각하지 않았던 것
3. 恐ろしいオオカミを飼って利用しようと考えたこと	3. 무서운 늑대를 길러서 이용하려고 생각한 것
4. 狩りの邪魔になるのに恐ろしいオオカミを飼おうとしたこと	4. 사냥의 방해가 되는데, 무서운 늑대를 기르려고 한 것

해설 밑줄 부분의 의미를 파악하는 문제는, 우선 밑줄이 포함된 문장을 꼼꼼하게 읽어 두는 것이 좋다. 이 문제에서 「謎が多い(수수께끼가 많다)」의 내용은 앞 부분인 「人間がオオカミを飼い馴らした」라는 話에는 謎が多い("인간이 늑대를 길들였다"는 이야기)」이다. 그리고, 이 문장은 「ところが(그런데)」라는 역접의 접속사로 연결되어 있다. 따라서, "인간이 늑대를 길들였다"는 이야기가 왜 수수께끼가 많은지는 밑줄 부분 다음 단락을 보면 된다. 필자는 "무서운 짐승을 길들인다는 발상을 당시의 인류가 가질 수 있었을까?"라고 의문을 제시하고 있으므로 정답은 3번이 된다.

51 정답 4

筆者によると、どのようなオオカミが犬の祖先だと考えられるか。	필자에 의하면, 어떠한 늑대가 개의 선조라고 생각되어지는가?
1. 人間から頼りにされたオオカミ	1. 인간이 의지한 늑대
2. 狩りの上手なオオカミ	2. 사냥을 잘하는 늑대
3. 群れから追い出されたオオカミ	3. 무리에서 쫓겨난 늑대
4. 群れの中で下位のオオカミ	4. 무리 속에서 하위인 늑대

해설 3번 째 단락에서 어떠한 늑대가 개의 선조가 되었는지에 대해서 설명하고 있다. 필자는 개의 선조가 된 것은 「群れの中での順位が低く、食べ物も十分ではない(무리 속에서의 순위가 낮고, 먹을 것도 충분하지 않)」은 늑대가 인간에게 접근했다고 말하고 있다. 따라서 정답은 4번이다.

52 정답 2

犬の祖先が人間と暮らすようになったきっかけについて、筆者はどのように考えているか。	개의 선조가 인간과 생활하게 된 계기에 대해서, 필자는 어떻게 생각하고 있는가?
1. 人間を利用して仲間からの危険を避けようとした。	1. 인간을 이용해서 동료로부터의 위험을 피하려고 했다.
2. 人間に近づいて食糧を得ようとした。	2. 인간에 접근해서 식량을 얻으려고 했다.
3. 人間が狩りの手助けをさせた。	3. 인간이 사냥의 도움을 시켰다.
4. 人間がエサを与えた。	4. 인간이 먹이를 주었다.

해설 3번째 단락과 4번째 단락에서 「そこで(그래서)」라는 순접의 접속사 앞 단락, 원인 부분에서 어떠한 늑대가 개의 선조가 되었는

지를 설명한 뒤, '약한 늑대'가 인간과 생활하게 된 이유를 설명하고 있다. 필자는, 약한 늑대들이 인간에게 접근하여, 「人間に近づき、食べ残しをあさるようになったのではないか(인간에게 접근하여, 먹다 남긴 것을 뒤지게 된 것은 아닐까?)」라고 추측하고 있다. 따라서 정답은 2번이다.

(2)

子どもはこれから自分は大人になっていくのだから、自分はどうなるのだろうとそれは一所懸命に大人を観察している。その大人に魅力を感じれば、あんなふうになりたいと思うかもしれない。ほんのちょっとチャーミングなところを認めて、ああ失敗しても、どじばかりでもいいんだと思えることもあるかもしれない。あるいは、 53 僕はあんな大人にはならないだろうけれど、あんなふうにするのもすてきだなと感じることもあるに違いない。とにかく子どもは、そんなふうに常に大人を見ているのである。
(中略)
子どもはやがて大人になる。 54 その大人に魅力がなかったら、それは自分に明日がないと言われているのと同じことだ。大人になってもつまらなそうだ、楽しいことがなさそうだと感じたら、君の未来はこの程度のものだとつきつけられているのと変わらない。これほど子どもにとって不幸なことはない。
大人はいつも子どもに見つめられている、子どもが自分を観察しているということを自覚していなければいけないと思う。わが身をつくろって、いいかっこするのではない。正直に失敗するのなら、子どもより上手に失敗してみせよう、傷つくなら子どもより上手に傷ついてみせよう。 55 人生の先輩としてというより、現役の子どもに対してベテランの子どもとして、ベテランらしいところを見せてやろうじゃないか。そういう気概の大人がたくさんいれば、子どもたちはきっと大人の世界に魅力を見いだすに違いない。それが幸福な子どもの将来につながるのだと思う。

(注1) どじ：うっかりした失敗
(注2) 気概の：ここでは、強い気持ちを持った

아이는 지금부터 자신은 어른이 되어 가기 때문에, 자신은 어떻게 되는 것일까라며, 정말로 열심히 어른을 관찰하고 있다. 그 어른에게 매력을 느낀다면, 저런 식으로 되고 싶다고 생각할지도 모른다. 아주 조금 매력이 있는 부분을 인정하고, "저렇게 실패해도 실수투성이라도 괜찮구나"(주1)라고 생각되는 것도 있을지도 모른다. 혹은, 53 나는 저런 어른은 되지 않겠지만, 저런 식으로 하는 것도 멋지구나, 하고 느끼는 경우도 있음에 틀림없다. 좌우지간 아이는, 그런 식으로 항상 어른을 보고 있는 것이다.
(중략)
아이는 이윽고 어른이 된다. 54 그 어른에게 매력이 없다면, 그것은 자신에게 내일이 없다고 말해지고 있는 것과 마찬가지다. 어른이 되어도 재미 없을 것 같다, 재미있는 것이 없을 것 같다고 느낀다면, 너의 미래는 이 정도의 것이라고 들이대고 있는 것과 다름이 없다. 이것만큼 아이에게 있어서 불행한 일은 없다.
아이는 언제나 어른을 바라보고 있다, 아이가 자신을 관찰하고 있다는 것을 자각하지 않으면 안된다고 생각한다. 내 몸을 꾸미고, 좋은 모습을 하는 것이 아니다. 정직하게 실패한다면, 아이보다 잘 실패해 보이자, 상처 입는다면 아이보다 잘 상처 입어 보이자. 55 인생의 선배로서라기보다, 현역 아이에 대해서 베테랑 아이로서, 베테랑다운 점을 보여주자. 그러한 기개(주2)를 가진 어른이 많이 있다면, 아이들은 분명히 어른의 세계에 매력을 발견함에 틀림 없다. 그것이 행복한 아이의 장래와 연결되는 것이라고 생각한다.

(주1) 실수 : 부주의한 실패
(주2) 기개의 : 여기에서는 강한 기분을 갖다

어휘 一所懸命に(열심히) | 観察(관찰) | 魅力(매력) | ほんのちょっと(아주 조금) | チャーミング(매력 있음) | どじ(실수, 얼빠진 짓) | ~に違いない(~임에 틀림 없다) | 常に(항상) | つきつける(상대에게 강하게 들이대다, 내밀다) | 自覚(자각) | 傷つく(상처 입다) | 気概(기개) | 幸福(행복) | 希望(희망) | 導く(인도하다. 지도하다. 이끌다)

53 정답 2

①そんなふうにとあるが、子どもはどんなふうに大人を見ているのか。	①그런 식으로라고 있는데, 아이는 어떤 식으로 어른을 보고 있는가?
1. 早く大人になりたいと思っている。	1. 빨리 어른이 되고 싶다고 생각하고 있다.
2. 大人の姿から魅力的な部分を探している。	2. 어른의 모습에서 매력적인 부분을 찾고 있다.
3. 自分が失敗したときどうするか考えている。	3. 자신이 실패했을 때 어떻게 할까 생각하고 있다.
4. あんな大人にはなりたくないと思っている。	4. 저런 어른은 되고 싶지 않다고 생각하고 있다.

해설 지시어가 가리키는 내용은 대부분 지시어의 앞 단락에 제시되어 있는 경우가 많다. 앞 문장에서 필자는 「僕はあんな大人にはならないだろうけれど、あんなふうにするのもすてきだなと感じることもあるに違いない(나는 저런 어른은 되지 않겠지만, 저런 식으로 하는 것도 멋지구나, 하고 느끼는 경우도 있음에 틀림없다.)」고 아이들의 시선으로 설명하고 있다. 즉, 필자는 아이들이 어른을 관찰하면서, 어른의 멋진 모습, 매력적인 모습을 찾고 있다고 설명하고 있으므로, 정답은 2번이다.

54 정답 1

②これほど子どもにとって不幸なことはないとあるが、何が不幸なのか。	②이것 만큼 아이에게 있어서 불행한 일은 없다고 있는데, 무엇이 불행한 것인가?
1. 大人を見ても未来の自分に希望が持てないこと	1. 어른을 봐도 미래의 자신에게 희망을 갖을 수 없는 것
2. 大人を見てもすてきな大人になる自信が持てないこと	2. 어른을 봐도 멋진 어른이 될 자신감을 가질 수 없는 것
3. 大人を見ても今何をしておけばいいか分からないこと	3. 어른을 봐도 지금 무엇을 해 두면 좋을지 모르는 것
4. 大人を見ても将来自分のしたいことが見つからないこと	4. 어른을 봐도 장래, 자신이 하고 싶은 것을 발견하지 못하는 것

해설 이 문제에서는 「これほど(이것 만큼)」이 나타내는 의미를 파악하는 것이 포인트이다. 밑줄 부분의 앞 부분에서 필자는 「その人に魅力がなかったら、それは自分に明日がないと言われているのと同じことだ (그 어른에 매력이 없었다면, 그것은 자신에게 내일이 없다고 말해지고 있는 것과 마찬가지다)」라고 설명하고 있다. 즉, 아이들이 항상 관찰하고 있는 어른에게 매력이 보이지 않는다면, 아이들에게도 미래는 없다고 말하고 있는 것과 마찬가지라는 의미이므로 정답은 1번이 된다.

55 정답 4

筆者が大人に対して伝えたいことは何か。	필자가 어른에게 전하고 싶은 것은 무엇인가?
1. 人生の先輩らしく、いつもかっこいい大人でいよう。	1. 인생의 선배 답게, 언제나 멋진 어른으로 있자.
2. ベテランの子どもとして、子どもを幸福な将来へ導いてあげよう。	2. 베테랑 아이로서, 아이를 행복한 장래로 이끌어 주자.
3. 子どもたちに、大人の魅力的な世界を教えよう。	3. 아이들에게 어른의 매력적인 세계를 가르쳐주자.
4. 子どもたちに、ベテランの子どもとしての行いを示そう。	4. 아이들에게, 베테랑 아이로서의 행동을 제시하자.

해설 「筆者が~伝えたいことは何か(필자가~전하고 싶은 것은 무엇인가?)」타입의 질문이 나올 경우, 필자의 주장을 찾으면 쉽게

정답을 찾을 수 있다. 필자의 주장은 대부분, 첫 단락이나 마지막 단락에 정리되어 있는 경우가 많으며, 「~のではないか、~ようじゃないか(~하자)」라는 표현과 함께 쓰이는 경우가 많다. 필자는 마지막 단락에서, 「人生の先輩としてというより、現役の子どもに対してベテランの子どもとして、ベテランらしいところを見せてやろうじゃないか(인생의 선배로서라기 보다, 현역 아이에 대해서 베테랑 아이로서, 베테랑다운 점을 보여주자)」, 즉, 아이들에게 "배테랑 아이다운 점을 보여주자"고 자신의 주장을 나타내고 있으므로 정답은 4번이다.

(3)

科学記者を始めた２０年ほど前、記者の訪問を歓迎しない科学者は、けっして珍しくなかった。「新聞記者との付き合いには何のメリットもなく、時間の無駄。記者と親しい科学者は、同僚からうさんくさい目で見られる。真理の探究に没頭する科学者が、記者なんていう世俗を相手にしては沽券にかかわる」というわけだ。56 それが今は、まったく違う。科学者も、研究に税金を使うからには自分の仕事を積極的に世間に説明するのが当然だとみなされ、大学や研究所はメディア戦略を練るまでになった。変われば変わるものだ。（中略）
科学者側の広報が巧みになればなるほど、科学ジャーナリズムは科学者集団のたんなる宣伝係で仕事をした気になってしまう恐れがある。
「サイエンス」や英国の「ネイチャー」に載る科学者の論文を、どの新聞も毎週のように記事にして紹介している。その多くが、これらの論文誌の巧みな広報資料や研究者の記者発表をもとにしているのだが、57 これなどまさに、何を社会に伝えるかは自分で決めるというジャーナリズムの要を、科学者集団側になかば預けてしまっているのではないか。
自分でネタ探しをするよりも、このほうがたしかに効率的なのだ。
米国の科学ジャーナリズムの教科書には、科学者たちはマスメディアを自分たちの広報機関のようにとらえるものだと書いてある。58 科学ジャーナリズムは、広報戦略に長けてきた科学者たちとどう付き合っていくべきか。その哲学と戦略を、こちら側も改めて肝に銘じておかなければならない時代になった。

과학기자를 시작한 20년 정도 전, 기자 방문을 환영하지 않는 과학자는 결코 드물지 않았다. "신문기자와의 교재에는 아무런 장점도 없고, 시간 낭비. 기자와 친한 과학자는 동료가 의심스러운 눈으로 본다. 진리 탐구에 몰두하는 과학자가, 기자 따위라는 세속을 상대로 하면 체면이 구겨진다"는 것이다. 56 그것이 지금은, 전혀 다르다. 과학자도 연구에 세금을 사용하는 이상은 자신의 일을 적극적으로 세상에 설명하는 것이 당연하다고 여겨져, 대학이나 연구소는 미디어 전략을 짜기까지 되었다. 변하면 변하는 법이다. (중략)
과학자 측의 홍보가 익숙해질수록, 과학 저널리즘은 과학자 집단의 단순한 선전 담당으로 일을 한 느낌이 들어 버릴 우려가 있다.
'사이언스'나 영국의 '네이처'에 게재된 과학자 논문을 어느 신문이나 매주같이 기사로 소개하고 있다. 그 대부분이, 이들 논문지의 능숙한 홍보자료나 연구자의 기자발표를 토대로 하고 있는데, 57 이것 등은 그야말로 무엇을 사회에 전할지는 스스로 결정한다는 저널리즘의 요점을 과학자 집단 측에 거의 맡겨 버린 것이 아닐까?
스스로 소재 찾기를 하기 보다도, 이 편이 확실히 효율적인 것이다.
미국 과학 저널리즘 교과서에는, 과학자들은 미디어를 자신들의 홍보기관처럼 인식한다고 써 있다. 58 과학 저널리즘은 홍보전략이 뛰어난 과학자들과 어떻게 접해 가야 할까? 그 철학과 전략을 이쪽 측도 다시 명심해 두지 않으면 안되는 시대가 되었다.

(注1) 沽券にかかわる：体面を損ねる	(주1) 체면에 관련되다 : 체면이 상하다
(注2) 要：最も大切な部分	(주2) 요점 : 가장 중요한 부분
(注3) 長けてきた：上手になってきた	(주3) 뛰어나 왔다 : 잘해져 왔다
(注4) 肝に銘じて：忘れないように心にしっかりととどめて	(주4) 명심하다 : 잊지 않도록 제대로 마음에 남기고

어휘 科学(과학) | 記者(기자) | 訪問(방문) | 歓迎(환영) | けっして(결코) | 珍しい(드물다, 진귀하다) | メリット(장점, 이점) | 付き合い(교류, 교재) | 無駄(낭비, 쓸모 없음) | 同僚(동료) | うさんくさい(수상쩍다, 의심스럽다) | 真理(진리) | 探求(탐구) | 没頭(몰두) | 世俗(세속) | 沽券にかかわる(체면이 구겨지다) | 税金(세금) | 積極的(적극적) | みなされる(간주되다) | 戦略(전략) | 練る(짜다) | 広報(홍보) | 巧み(능숙한, 익숙한, 능란한, 교묘한) | 宣伝(선전) | ～係(~담당) | 載る(실리다, 게재되다) | 紹介(소개) | ジャーナリズム(저널리즘) | 要(요점, 요령) | 預ける(맡기다) | ネタ(재료, 원료) | 効率的(효율적) | 教科書(교과서) | 長ける(뛰어나다) | 哲学(철학) | 改めて(새삼스럽게) | 肝に銘ずる(명심하다) | 信頼(신뢰) | 提供(제공) | 情報(정보) | 立場(입장) | 見直す(다시보다, 재고하다) | 主体的(주체적) | 価値(가치) | 努める(노력하다, 애쓰다)

56 정답 2

変われば変わるものだとあるが、科学者はどのように変わったのか。	바뀌면 바뀌는 법이다라고 있는데, 과학자는 어떻게 바뀌었는가?
1. 以前は記者を世俗的だと見ていたが、現在はメディアを信頼するようになった。	1. 이전은 기자를 세속적이라고 보고 있었는데, 현재는 미디어를 신뢰하게 되었다.
2. 以前は記者と距離を置いていたが、現在は積極的にメディアとかかわるようになった。	2. 이전은 기자와 거리를 두고 있었는데, 현재는 적극적으로 미디어와 관여하게 되었다.
3. 以前は同僚の目を気にしていたが、現在は記者の目をより気にするようになった。	3. 이전은 동료의 시선을 신경 쓰고 있었는데, 현재는 기자의 시선을 보다 신경 쓰게 되었다.
4. 以前は自らメディア戦略を練っていたが、現在は記者の力を借りるようになった。	4. 이전은 스스로 미디어 전략을 짜고 있었는데, 현재는 기자의 힘을 빌리게 되었다.

해설 밑줄 부분 "바뀌면 바뀌는 법이다"의 의미를 파악해야 하므로, 이전과 지금 등 변화를 나타내는 단어나 내용에 주의하면 좋다. 밑줄 부분의 앞 문장에서, 필자는 이전과는 달리 지금은 과학자가 자신의 일을 세상에 적극적으로 설명하는 것을 당연하게 여긴다고 했으므로, 정답은 2번이다.

57 정답 3

科学者との関係で、今のジャーナリズムにはどのような問題があるか。	과학자와의 관계에서 지금의 저널리즘에는 어떠한 문제가 있는가?
1. 科学者が望む論文を記事にしていない。	1. 과학자가 바라는 논문을 기사로 하고 있지 않다.
2. 科学者が十分満足できる広報をしていない。	2. 과학자가 충분히 만족할 수 있는 홍보를 하고 있지 않다.
3. 科学者から提供された情報をそのまま伝えている。	3. 과학자로부터 제공된 정보를 그대로 전하고 있다.
4. 科学者から提供された情報を十分理解せずに報じている。	4. 과학자로부터 제공된 정보를 충분히 이해하지 못하고 보도하고 있다.

해설 중략 바로 다음 부분에서, 필자는「科学者側の広報が巧みになればなるほど、科学ジャーナリズムは科学者集団のたんなる宣伝係で仕事をした気になってしまう恐れがある(과학자 측의 홍보가 익숙해질수록, 과학 저널리즘은 과학자 집단의 단순한 선전 담당으로 일을 한 느낌이 들어 버릴 우려가 있다.)」라고 문제점을 지적하며, 다음 단락에서 자세히 설명하고 있다. 이 부분에서, 필자는 과학자가 자신의 일을 적극적으로 설명하기 시작하면서, 기자들은 과학자의 선전 담당으로 전락해 버릴 우려가 있다는 의견을 나타내고 있다. 즉, '기자가 무엇을 전할지 정하는 것이 아니라, 과학자의 정보를 그대로 전'하는 것이 문제라고 설명하고 있으므로 정답은 3번이다.

58 정답 3

この文章で筆者が最も言いたいことは何か。	이 문장에서 필자가 가장 하고 싶은 말은 무엇인가?
1. 科学者は、科学ジャーナリズムの立場をもっと理解すべきである。 2. 科学者は、科学ジャーナリズムとの関係のありを改めて見直すべきである。 **3. 科学ジャーナリズムは、報道内容の決定にあたって主体的であるべきだ。** 4. 科学ジャーナリズムは、科学の価値を正しく認めてもらえるようめるべきだ。	1. 과학자는 과학 저널리즘 입장을 갖고 이해해야 한다. 2. 과학자는 과학 저널리즘과의 관계를 다시 재고해야 한다. **3. 과학 저널리즘은 보도 내용 결정에 있어서 주체적이어야 한다.** 4. 과학 저널리즘은 과학의 가치를 바르게 인정해 받을 수 있도록 노력해야 한다.

해설 필자의 주장을 찾는 문제이다. 마지막 단락에서 필자는 과학자로부터 제공 받은 정보를 그대로 보도하는 것이 효율적이기는 하지만, 「科学ジャーナリズムは、広報戦略に長けてきた科学者たちとどう付き合っていくべきか。その哲学と戦略を、こちら側も改めて肝に銘じておかなければならない時代になった(과학 저널리즘은 홍보전략이 뛰어난 과학자들과 어떻게 접해 가야 할까? 그 철학과 전략을 이쪽 측도 다시 명심해 두지 않으면 안 되는 시대가 되었다.)」라고 설명하고 있다. 즉, 과학자에게서 받은 정보를 그대로 전달하는 것이 아니라, 저널리즘이 주체적으로 철학을 갖고 보도해야 한다고 주장하고 있으므로, 정답은 3번이다.

問題10 / 문제10

次の文章を読んで、後の問いに対する答えとして最もよいものを、1・2・3・4から一つ選びなさい。

다음 문장을 읽고, 다음 질문에 대한 답으로서 가장 좋은 것을 1・2・3・4에서 하나 고르시오.

暮らしの中で身近な木といえば、街路樹と公園の樹木、そして住宅の庭の木あたりでしょうか。いずれも毎日目にはしているものの、あらためて意識することは少ないと思います。でも、例えばこれがすべて枯れてしまったとしたらどうでしょう。なんとも寂しく、無味乾燥な、あるいは何か病気を連想させるようなイメージのまちになってしまうのではないでしょうか。また、昨今は、維持管理の面などから街路樹を植えないまちなどもあるようですが、一見近代的、未来都市的なイメージもしますが、 59 うるおいややすらぎのないまちのようにも見えます。このようにまちの樹木は、実はとても大きな役割を持っています。

では、この木々たちは、ただ植えるだけ、存在するだけでいいのでしょうか。そうではありません。そこに意味や意義がなければならないのです。わかりやすく言うと、街路樹の樹種を何にするかというようなことです。 60 その土地の植生を踏まえ、その上に歴史性や未来性を重ね合わせる。季節の移ろいの中で、人々がその木をどのように眺めながら暮らしていくのか。そんな積み重ねの上にはじめて「ここにはこの木を植えよう」ということになる。それがその木がその場所に存在する意義です。
①
住宅の庭木も同じです。 61 単に自分の好みばかりでなく、その木が住宅街の小路をどのように演出するのか、まわりとの調和はどうなのか。そんなことを考えていくのがまちづくりの中の「木」です。昨今のガーデニングブームで、確かに個々の家の庭は立派になりました。花や木の種類もずいぶん増えて、ひと昔前には無かったような色や形も見られます。そして、ガーデニングをする人達の情報交流も盛んとなり、新たなコミュニティも生まれているようです。しかし、いま一つ自分の土地から外に広がっていない感じがします。道路や公園は地域にとっての共有の庭であり、個々の部分と共有の部分が美しくなってこそはじめて全体が美しくなるのです。美しく楽しい庭を作っている

생활 속에서 친근한 나무라고 하면, 가로수와 공원 수목, 그리고 주택의 정원 나무 정도일까요? 어느 것이나 매일 보고는 있지만, 새삼스레 의식하는 것은 적다고 생각합니다. 그래도, 예를 들면 이것이 모두 시들어 버렸다고 하면 어떨까요? 정말 쓸쓸하고 무미건조한, 혹은 무언가 병을 연상시키는 이미지의 마을이 되어 버리는 건 아닐까요? 또한, 요즘은 유지 관리면 등에서 가로수를 심지 않는 마을 등도 있는 것 같습니다만, 언뜻 근대적, 미래도시적인 이미지도 있습니다만, 59 정취나 평온함이 없는 마을인 것처럼도 보입니다. 이렇게 마을의 수목은, 실은 매우 큰 역할을 갖고 있습니다.

그러면, 이 나무들은, 단지 심는 것만, 존재하는 것 만으로 괜찮은 것일까요? 그렇지는 않습니다. 거기에 의미나 의의가 있어야만 하는 것입니다. 알기 쉽게 말하면, 가로수 나무 종류를 무엇으로 할까, 라는 것 같은 것입니다. 60 그 토지의 식생을 토대로 하여, 그 위에 역사성이나 미래성을 겹친다. 계절의 변화 속에서, 사람들이 그 나무를 어떻게 바라보며 생활해 가는 걸까. 그러한 축적 위에 비로소 "여기에는 나무를 심자"라는 것이 된다. 그것이 그 나무가 그 장소에 존재하는 의의입니다.
①
주택도 정원수도 마찬가지입니다. 61 단순히 자신의 기호 뿐만이 아니고, 그 나무가 주택가 좁은 골목을 어떻게 연출하는가, 주위와의 조화는 어떻게 되는가? 그런 것을 생각해 가는 것이 마을 만들기 속의 '나무'입니다. 작금의 정원 가꾸기 붐으로 확실히 개개인 집 정원은 훌륭해졌습니다. 꽃이나 나무 종류도 꽤 늘어서, 예전에는 없었던 것 같은 색이나 형태도 보여집니다. 그리고 정원 꾸미기를 하는 사람들의 정보 교류도 활발해져, 새로운 커뮤니티도 생기고 있는 것 같습니다. 하지만, 무언가 자신의 토지에서 밖으로 확산되고 있지 않은 느낌이 듭니다. 도로나 공원은 지역에 있어서 공유 정원이고, 개개의 부분과 공유하는 부분이 아

人々には、もっと欲張って美しく楽しいまちを作ってほしいと思います。

「愛でる」という言葉があります。これは主に植物に対して使われます。満開の桜や初夏の新緑、真夏の木陰や秋の紅葉・・・。私たちは折々に木々を眺め、そこに日々の暮らしを重ね合わせたり、育ちゆく木々に子供達の明るい未来を願ったりしているのではないめでしょうか。そしてそんな思いをこめて水やりや手入れをする。これが「愛でる」ということだと思うのです。 62 その愛でる心と愛でられる木々があってはじめてよいまちとなるのです。

(注1) その土地の植生：その土地にどのような物がえているか

(注2) 折々に：ここでは、機会があるごとに

름다워져서야말로, 비로소 전체가 아름다워지는 것입니다. 아릅답고 즐거운 정원을 만들고 있는 사람들에게는 더 노력해서 아름답고 즐거운 마을을 만들어 주길 바란다고 생각합니다.

"사랑하다"는 말이 있습니다. 이것은 주로 식물에게 사용됩니다. 만개한 벚꽃이나 초여름의 신록, 한 여름의 나무 그늘이나 가을의 단풍…… 우리들은 때때로 나무들을 바라보고, 거기에 매일의 생활을 겹쳐보거나 자라가는 나무들에 아이들의 밝은 미래를 바라거나 하고 있는 것은 아닐까요? 그리고 그런 생각을 담아서 물 주거나 손질을 한다. 이것이 "사랑한다"는 것이라고 생각하는 것입니다. 62 그 사랑하는 마음과 사랑받는 나무들이 있어 비로소 좋은 마을이 되는 것입니다.

(주1) 그 토지의 식생 : 그 토지에 어떠한 식물이 자라 있는가

(주2) 그때그때 : 여기에서는 기회가 있을 때마다

어휘 身近(친근한, 가까운) | 街路樹(가로수) | 樹木(수목) | 住宅(주택) | 枯れる(마르다) | 無味乾燥(무미건조) | 連想(연상) | 昨今(작금) | 維持(유지) | 管理(관리) | 一見(언뜻 보기에) | うるおい(촉촉함, 물기를 머금은) | やすらぎ(평온함, 평안) | 役割(역할) | 植える(심다) | 樹種(수종) | 植生(식생) | 踏まえる(근거하다, 입각하다) | 歴史性(역사성) | 季節(계절) | 移ろい(변화, 변천) | 眺める(내려다보다, 조망하다) | 積み重ねる(겹겹이 쌓다, 포개어 쌓다) | 庭木(정원수) | 小路(좁은 골목) | ガーデニング(가드닝) | 立派(훌륭함) | 種類(종류) | 交流(교류) | 盛ん(번창함, 왕성함) | 共有(공유) | 欲張る(욕심을 부리다) | 愛でる(귀여워하다, 사랑하다) | 満開(만개) | 桜(벚꽃) | 初夏(초여름) | 木陰(나무 그늘) | 紅葉(단풍) | 折々(그때그때) | 手入れ(손질) | 煩わしい(귀찮다, 번거롭다) | 落ち着く(안정되다) | 特性(특성) | 調和(조화) | 交換(교환) | 自然に(자연스럽게) | 関心(관심)

59 정답 4

筆者によると、まちの樹木の大きな役割とは何か。	필자에 의하면, 마을의 수목에 큰 역할이란 무엇인가?
1. 人々に木が身近な存在であることを意識させる。	1. 사람들에게 나무가 친근한 존재라는 것을 의식하게 한다.
2. 人々に未来都市的なイメージを与える。	2. 사람들에게 미래 도시적인 이미지를 부여한다.
3. 人々を現実の煩わしさから逃れさせる。	3. 사람들을 현실의 번잡함에서 도망치게 한다.
4. 人々を落ち着いた気持ちにさせる。	4. 사람들을 차분한 기분으로 만들어준다.

해설 「樹木の役割(수목의 역할)」 등, 특정 키워드의 내용을 파악하는 문제에서는, 해당 키워드가 포함되어 있는 단락이나 문장의 요지를 파악하는 것이 중요하다. 그리고, 「このように(이렇게)」는, 앞 문장이나 단락의 내용을 정리할 때 쓰이므로, 이 단락에 필자가 주장하는 내용의 키워드가 되는 단어나 문장이 있는지 체크해 두면 좋다. 필자는 가로수가 없으면 "정취(촉촉함)나 평온함"이 없는 마을로 느껴지게 한다고 설명하고 있으므로, 정답은 4번이다.

60 정답 2

①それとはどういうことか。	①그것이란 어떠한 것인가?
1. その土地に暮らす人々の好みに合わせた樹木を植えること	1. 그 토지에 사는 사람들의 기호에 맞춘 수목을 심는 것
2. その土地の特性と人々の暮らしを考慮し、樹木を植えること	2. 그 토지의 특성과 사람들의 생활을 고려하여, 수목을 심는 것
3. その土地の歴史的な樹木を大切にし、保存すること	3. 그 토지의 역사적인 수목을 소중히 하고, 보존하는 것
4. その土地の季節の移ろいを感じさせる樹木を大切にすること	4. 그 토지의 계절 변화를 느끼게 하는 수목을 소중히 하는 것

해설 지시어가 나타내는 내용을 찾기 위해 앞 문장으로 거슬러 올라가 보면, 다시 지시어가 포함된 문장 「そんな積み重ねの上に~(그런 축적 위에~)」이 나오므로, 그 앞 문장을 살펴보면, "그 토지의 식생을 토대로, 역사와 미래성"을 고려해야 한다고 주장하고 있다. 따라서 정답은 2번이 된다.

61 정답 1

②もっと欲張ってとあるが、筆者の気持ちと合うものはどれか。	②더 노력해서라고 있는데, 필자의 기분과 맞는 것은 어느 것인가?
1. 自分の好みだけではなく、まち全体との調和も考えてほしい。	1. 자신의 기호만이 아니고, 마을 전체와의 조화도 생각해 주길 바란다.
2. ガーデニングをする人達同士で、もっと情報交換をしてほしい。	2. 정원 가꾸기를 하는 사람들끼리, 더 정보교환을 해주기를 바란다.
3. 個々の庭の花や木が、さらに美しく育つようにしてほしい。	3. 개개 정원의 꽃이나 나무가 더욱 아름답게 자라도록 해주기를 바란다.
4. 個々の庭よりも、まちの共有の部分のほうに力を入れてほしい。	4. 개개 정원 보다도, 마을 공유 부분 쪽에 힘을 쏟아 주기를 바란다.

해설 3번째 단락에서 필자는, 「単に自分の好みばかりでなく、その木が住宅街の小路をどのように演出するのか、まわりとの調和はどうなのか。そんなことを考えていくのがまちづくりの中の「木」です(단순히 자신의 기호 뿐만이 아니고, 그 나무가 주택가 좁은 골목을 어떻게 연출하는가, 주위와의 조화는 어떻게 되는가? 그런 것을 생각해 가는 것이 마을 만들기 속의 '나무'입니다.)」라고 의견을 제시한 뒤, 개인 공간과 공유하는 공간이 아름다워져야 전체가 아름다워진다고 설명하고 있다. 즉, 개인의 기호 뿐만이 아니라, 마을 전체의 조화가 중요하다고 설명하고 있으므로, 정답은 1번이다.

62 정답 2

筆者の考えに合うのはどれか。	필자의 생각에 맞는 것은 어느 것인가?
1. 人々がまちの木々を愛でることで、子供達が自然に関心を持つようになる。	1. 사람들이 마을의 나무를 사랑하는 것으로, 아이들이 자연에 관심을 갖게 된다.
2. 人々がまちの木々を愛でることが、よいまちづくりにつながる。	2. 사람들이 마을의 나무를 사랑하는 것이 좋은 마을 만들기에 연결된다.
3. 人々がまちの木々の手入れを怠らなければ、よいまちになる。	3. 사람들이 마을의 나무 손질을 게을리하지 않는다면, 좋은 마을이 된다.
4. 人々が季節による木々の変化に関心を持つことで、愛でる心が生まれる。	4. 사람들이 계절에 의한 나무의 변화에 관심을 갖는 것으로 사랑하는 마음이 생겨난다.

해설 필자는 마지막 단락에서 "나무를 사랑하는 마음과 사랑받는 나무가 있는 것이 좋은 마을"과 연결된다고 주장하고 있다. 따라서, 정답은 2번이 된다.

問題11 次のAとBの文章を読んで、後の問いに対する答えとして最もよいものを、1・2・3・4から一つ選びなさい。

문제11 다음 A와 B의 문장을 읽고, 다음 질문에 대한 답으로서 가장 좋은 것을 1・2・3・4에서 하나 고르시오.

A

雑談はいろいろな意見を交換し合うことによって、ヒントを得ようというスケールの大きな場である。そこにいる誰もが自由に発言する権利を持っている。仮に自分とは反対意見であっても、まずは聞くという姿勢を保つこと、心理学のカウンセリングと同じである。

そして相手の発言に対して、自分の意見を軽い気分で述べる、それが雑談である。どんなに間違っている、バカバカしいと思われる意見であっても、いったんそれを受け入れること。「なぜあの人はこのような発言をするのか」と考えていくと、63 自分がそれまで見落としていたことがあることに気がつくこともある。

「話し上手は聞き上手」という言葉があるように、64 雑談では「いかに発言するか」よりも「いかに聞くか」が大切になる。

잡담은 여러 의견을 서로 교환하는 것에 의해, 힌트를 얻으려고 하는 스케일이 큰 장소이다. 거기에 있는 누구나가 자유롭게 발언할 권리를 갖고 있다. 가령 자신과는 반대 의견이라도, 우선은 듣는다는 자세를 갖을 것, 심리학 상담과 마찬가지이다.

그리고, 상대의 발언에 대해서 자신의 의견을 가벼운 기분으로 말한다, 그것이 잡담이다. 아무리 잘못된, 바보 같다고 생각되는 의견이라도, 일단 그것을 받아들일 것. "왜 저 사람은 이런 발언을 하는 걸까?"라고 생각해 가면, 63 자신이 지금까지 간과한 것이 있다는 것을 깨닫는 경우도 있다.

"이야기를 잘하는 사람은 다른 사람 말도 잘 들어준다"는 말이 있는 것처럼, 64 잡담에서는 "얼마나 발언을 할까"보다도 "얼마나 듣는가"가 중요하다.

어휘 雑談(잡담) | 交換(교환) | スケール(스케일, 규모) | 発言(발언) | 権利(권리) | 仮に(가령, 임시로) | 姿勢(자세) | 保つ(유지하다) | カウンセリング(카운슬링, 상담, 면접) | 述べる(말하다, 기술하다) | バカバカしい(매우 어리석다, 우습다, 어이없다) | 受け入れる(받아 들이다, 수용하다) | 見落とす(빠뜨리다, 간과하다) | 話し上手は聞き上手(말을 잘하는 사람은 남의 말도 잘 들어준다) | いかに(얼마만큼, 얼마나, 어떻게)

B

雑談は無駄だという人がいるが、本当にそうだろうか。辞書を調べると「無駄話」という意味もあるが、「さまざまなことを気楽に話し合うこと」という意味もある。**63 気楽な気持ちのとき、人は本音を話すものだ。**バカらしいと思う話もあるかもしれないが、雑談の中から相手の人間性が見えてくる。

そうはいっても、気楽に話せる雰囲気を作るのは簡単なことではない。まずは、自分から話のきっかけになりそうな小さなエピソードを話そう。相手が話に乗ってきたと思ったら、そこで自分の本音を話してみよう。**64 そうすれば、相手もやがて心を開いて話し始めるだろう。**そうなれば、雑談も意味のある時間となる。

(注) 話に乗る：ここでは、話に興味を持つ

잡담은 쓸모 없다는 사람이 있는데, 정말로 그럴까? 사전을 찾아 보면 "쓸데없는 이야기"라는 의미도 있지만 "여러가지를 마음 편하게 이야기 하는 것"이라는 의미도 있다. **63 편한 기분일 때, 사람은 속마음을 이야기하는 법이다.** 바보 같다고 생각하는 이야기도 있을지도 모르지만, 잡담 속에서 상대의 인간성이 보여 온다.

그렇게는 말해도, 마음 편하게 이야기할 수 있는 분위기를 만드는 것은 간단한 일은 아니다. **64 우선은 자신부터 이야기의 계기가 될 것 같은 작은 에피소드를 이야기하자. 상대가 이야기에 끌려 들어왔다고 생각하면, 거기에서 자신의 속 마음을 이야기해 보자.** 그렇게 하면, 상대도 이윽고 마음을 열고 이야기하기 시작할 것이다. 그렇게 되면, 잡담도 의미가 있는 시간이 될 것이다.

(주) 이야기에 응하다 : 여기에서는 이야기에 흥미를 갖는다.

어휘 無駄(쓸모없음, 헛된) | 辞書(사전) | 調べる(찾다, 검토하다) | さまざま(여러가지, 다양한) | 気楽に(마음 편하게) | 本音(속 마음, 진심) | バカらしい(어리석다, 어처구니 없다) | 雰囲気(분위기) | エピソード(에피소드, 일화) | 話に乗る(이야기에 응하다, 이야기에 끌리다) | やがて(이윽고, 곧)

63 정답 3

雑談の良い点について、AとBはどのように述べているか。	잡담의 좋은 점에 관하여, A와 B는 어떻게 말하고 있는가?
1. Aはお互いの考えを認め合えると述べ、Bは相手の人間性が見えてくると述べている。	1. A는 서로의 생각을 인정할 수 있다고 말하고, B는 상대의 인간성이 보여 온다고 말하고 있다.
2. Aは相手と意見交換ができると述べ、Bはバカらしい話をしても受け入れてもらえると述べている。	2. A는 상대와 의견 교환을 할 수 있다고 말하고, B는 바보 같은 이야기를 해도 받아들여 준다고 말하고 있다.
3. Aは自分が気づいていなかったことに気づけると述べ、Bは相手の本音を知ることができると述べている。	**3. A는 자신이 깨닫지 못한 것을 깨달을 수 있다고 말하고, B는 상대의 속 마음을 알 수 있다고 말하고 있다.**
4. Aは誰もが自由に意見を発言できると述べ、Bは相手と自分との共通点を見つけることができると述べている。	4. A는 누구나가 자유롭게 의견을 발언할 수 있다고 말하고, B는 상대와 자신과의 공통점을 발견할 수 있다고 말하고 있다.

해설 통합 이해 파트에서는 A와 B의 문장을 읽으며, 각각의 장단점 등 내용을 요약해 두는 것이 좋다. A에서는 잡담을 통해서 지금까지 자신이 놓친 부분이 있었다는 것을 깨달을 수 있다고 하였으며, B에서는 사람은 편하게 이야기할 수 있을 때, 자신의 속마음을 이야기하는 법이라고 주장하고 있다. 따라서 정답은 3번이다.

64 정답 3

雑談をするときの姿勢について、AとBはどのように述べているか。	잡담을 할 때의 자세에 대해서, A와 B는 어떻게 말하고 있는가?
1. AもBも、相手の話をよく聞くことが大切だと述べている。	1. A도 B도, 상대의 이야기를 잘 듣는 것이 중요하다고 말하고 있다.
2. AもBも、相手と自分が同じぐらいの割合で話すようにしようと述べている。	2. A도 B도, 상대와 자신이 같은 정도의 비율로 이야기하도록 하자고 말하고 있다.
3. Aは相手の話を聞くことが大切だと述べ、Bは自分から話すようにしようと述べている。	3. A는 상대의 이야기를 듣는 것이 중요하다고 말하고, B는 스스로 이야기하도록 하자고 말하고 있다.
4. Aは相手の発言の意図を考えることが大切だと述べ、Bはまずは相手に話をさせることが大切だと述べている。	4. A는 상대의 발언 의도를 생각하는 것이 중요하다고 말하고, B는 우선은 상대에게 이야기를 하게 하는 것이 중요하다고 말하고 있다.

해설 A, B 각각의 필자 주장을 찾는 문제이다. A에서는 잡담은 "상대방이 어떻게 이야기하는가를 듣는 것"이 중요하다고 말하고 있으며, B는 자신이 속 마음을 이야기하면 상대방도 속마음을 이야기할 것이라고 말하고 있다. 즉, A는 상대방의 이야기를 듣는 자세가 중요하다고 말하고 있으며, B는 우선 자신부터 이야기 해야, 상대도 마음을 열고 이야기하기 시작한다고 말하고 있으므로 정답은 3번이다.

問題12 / 문제12

次の文章を読んで、後の問いに対する答えとして最もよいものを、1・2・3・4から一つ選びなさい。

다음 문장을 읽고, 다음 질문에 대한 답으로서 가장 좋은 것을 1・2・3・4에서 하나 고르시오.

建築の設計をやっていると様々な職人に出会う。大小を問わずどの現場でも一人や二人、主役を張れる人がいる(注1)。そうした人に出会うのが、現場に通う楽しみのひとつだ。長い時間、図面にばかり接していると、現実を離れて思考が一人歩きすることがよくある。そんな時、彼らからもらう情報がかけがえのないものであることが分かる。我々が作り出す図面は、線で描かれた抽象的な記号に過ぎない(注2)。彼らは物に触っている。 65 経験則によって裏付けられ

건축 설계를 하고 있으면 여러 장인을 만난다. 대소를 불문하고 현장에서도 한 명이나 두 명, 주역을 맡을 수 있는 사람이 있다(주1). 그러한 사람을 만나는 것이 현장을 다니는 즐거움 중 하나다. 오랜시간, 도면만 접하고 있으면, 현실에서 떨어져서 사고가 혼자 다니는 경우가 자주 있다. 그럴 때, 그들에게서 받는 정보가 둘도 없는 소중한 것이라는 것을 알 수 있다. 우리들이 만들기 시작하는 도면은, 선으로 그려진 추상적인 기호에 지나지 않는다(주2). 그들은 물건을

た、物に近い、深くて確かな情報を持っている。

　図面は人間の頭の中だけで作り出されたものだ。それを現実の建物に移し替えるには、木や鉄やコンクリートといった、物から手によって直接に得られる情報が不可欠だ。頭で生み出されたものは、思いこみや錯誤によって間違うことが多いからだ。

　今はコンピューターと情報通信の時代だ。それにともなって、手を動かす機会がどんどん少なくなってきている。建築の設計でもCAD（コンピューター利用設計）化の勢いはすさまじい。しかし、その図面は、設計の全体を把握しにくい。きれい過ぎて、何であれ、すべてうまくいっているように見えてしまう。手を経ずに、頭の中だけで作業が完結してしまっているからだろう。

　トレーシングペーパーに鉛筆で苦労をして描かれた旧来の図面は、そこに描く人の感情が入っている。うまくいっていないところは消しゴムで消し、描き直して修正していく。技術的に問題のあるところ、デザイン的にうまくいっていないところほど、線はにじみ、トレーシングペーパーは人の手の脂で汚れてくる。何回も描き直した個所は、しまいには擦り切れて穴が開いてしまうこともある。

　描いた当人の自信がなければ、鉛筆の線にもその迷いを見て取ることもできる。慣れてくると、図面上の線から、描いた人の経験的なレベルや人柄さえ分かるようになる。66 手書きの図面には、すてがたい様々な種類の情報が塗り込められている。均質な図面の向こう側に人の姿が見えにくい分、CADでは大きなリスクを見落とす可能性もある。

　67 手から遠いコンピューターの出現によって、リスクの所在をかぎ取ることが、旧来の経験則では難しくなってきている。これは設計に限ったことではないだろう。今や情報通信とコンピューターはあらゆる分野に浸透し、社会全体を変えつつある。頭から生み出されたものが暴走している。リスクの所在が、より巨大で、見えにくくなった。

　どこかでそれを、生身の身体を持つ人間の側に引き戻す必要がある。手から得られる情報は、効率は悪いが、現実の世界をまさぐって得られるものだ。その人の身体だけに

とどまる固有の情報といってもよい。 68 忘れられつつある手の行き場を考えるべきだろう。	쁘지만, 현실 세계를 뒤적거려서 얻어진 것이다. 그 사람의 신체에만 머무르는 고유의 정보라고 해도 된다. 68 잊혀지고 있는 손이 갈 곳을 생각해야만 할 것이다.
(注1) 主役を張る：ここでは、主要な役割を果たす (注2) かけがえのない：他に代わりがないほど貴重な (注3) トレーシングペーパー：ここでは、設計図を描くための紙 (注4) 旧来の：昔からの (注5) まさぐる：手探りをする	(주1) 주역을 맡다 : 여기에서는 주요 역할을 하다 (주2) 둘도 없는 : 달리 대신할 것이 없을 정도로 귀중한 (주3) 트레이싱 페이퍼 : 여기에서는 설계도를 그리기 위한 종이 (주4) 구래의 : 옛날부터의 (주5) 뒤적거리다 : 손으로 더듬으며 찾는다

어휘 建築(건축) | 様々(여러가지, 다양함) | 職人(장인) | 大小(대소) | ～を問わず(～을 묻지 않고, 불문하고) | 主役を張る(주역 역할을 하다) | 図面(도면) | 接する(접하다) | 一人歩き(혼자서 걸음, 자신의 힘 만으로 생활을 함) | かけがえのない(둘도 없는, 매우 소중한) | 抽象的(추상적) | 記号(기호) | ～に過ぎない(～에 지나지 않는) | 経験則(경험칙) | 裏付ける(증명하다, 입증하다) | 移す(옮기다) | 替える(바꾸다, 교체하다) | 不可欠(불가결) | 情報通信(정보통신) | 機会(기회) | 把握(파악) | 完結(완결) | 消しゴム(지우개) | 修正(수정) | トレーシングペーパー(트레싱 페이퍼, 투사지) | 擦り切れる(달아서 떨어지다) | 当人(당인, 당사자) | 鉛筆(연필) | 見て取る(간파하다, 알아차리다) | 人柄(인품) | 塗り込む(골고루 바르다, 빈틈없이 바르다) | 均質(균질) | 浸透(침투) | 暴走(폭주) | 所在(소재) | かぎ取る(알아차리다, 냄새를 맡다) | 巨大(거대) | 生身(나무 그늘살아 있는, 날고기) | 引き戻す(되돌리다, 다시 데려 오다) | まさぐる(손으로 뒤져서 찾다) | とどまる(머무르다, 남다)

65 정답 2

そうした人に出会うのが、現場に通う楽しみのひとつだとあるが、なぜか。	그러한 사람을 만나는 것이, 현장을 다니는 즐거움 중의 하나라고 있는데, 왜인가?
1. 職人から得る情報で自分のやり方の正しさが確かめられるから 2. 職人たちの経験に基づいた信頼できる情報が得られるから 3. 様々な職人たちから建築設計の多様性が学べるから 4. 経験豊かな職人たちの仕事ぶりが見られるから	1. 장인에게서 얻는 정보로 자신의 방법의 올바름을 확인할 수 있기 때문에 2. 장인들의 경험을 토대로한 신뢰할 수 있는 정보를 얻을 수 있기 때문에 3. 여러 장인들에게서 건축 설계의 다양성을 배울 수 있기 때문에 4. 경험이 풍부한 장인들이 일하는 모습을 볼 수 있기 때문에

해설 지시어가 가리키는 내용을 파악하면 쉽게 정답을 찾을 수 있다. 「そうした人(그러한 사람)」은 「大小を問わずどの現場でも一人や二人、主役を張れる人(대소를 불문하고 현장에서도 한 명이나 두 명, 주역을 맡을 수 있는 사람)」을 가리키며, 여기에서는 '경험이 풍부한 장인'을 말한다. 그리고, 경험이 풍부한 장인들은 "경험칙을 토대로 한 깊고, 확실한 정보"를 갖고 있다고 했으므로, 정답은 2번이다.

66 정답 1

鉛筆で描かれた図面について、筆者はどのように述べているか。	연필로 그려진 도면에 관해서, 필자는 어떻게 말하고 있는가?
1. 設計の過程や描いた人に関する情報が得られる。 2. 経験を積んで設計に自信のある人にしか描けない。 3. 細部は分かりにくいが、全体は把握しやすい。 4. 情報を読み取りにくいが、描いた人の感情がこもっている。	1. 설계 과정이나 그린 사람에 관한 정보를 얻을 수 있다. 2. 경험을 쌓아서 설계에 자신이 있는 사람밖에 그리지 못한다. 3. 세부는 알기 어렵지만 전체는 파악하기 쉽다. 4. 정보를 읽고 이해하기 어렵지만, 그린 사람의 감정이 담겨 있다.

해설 필자는 손으로 그린 도면에는, 종이가 더러워져 있는 것 등을 토대로 하여, 도면을 그린 사람의 경험칙을 토대로 한 정보나 도면을 그리기까지의 과정을 알 수 있다고 설명하고 있다. 따라서 정답은 1번이다.

67 정답 4

筆者は、コンピューターが社会にどのような影響を与えたと述べているか。	필자는, 컴퓨터가 사회에 어떠한 영향을 주었다고 말하고 있는가?
1. 多くの情報の中から必要な情報を選び出しにくくなった。 2. リスクの高い様々な種類の情報が氾濫するようになった。 3. これまでに得られた経験則が社会で必要とされなくなった。 4. どこにどのようなリスクが潜んでいるか把握しにくくなった。	1. 많은 정보 중에서 필요한 정보를 골라내기 어려워졌다. 2. 리스크가 높은 여러가지 종류의 정보가 범람하게 되었다. 3. 지금까지 얻어진 경험칙이 사회에서 필요하지 않게 되었다. 4. 어디에 어떠한 리스크가 숨어 있는지 파악하기 어려워졌다.

해설 필자는 컴퓨터의 출현에 의해서, 리스크의 소재를 알아차리는 것이 어려워졌다고 주장하고 있다. 따라서 정답은 4번이다.

68 정답 4

この文章で筆者が最も言いたいことは何か。	이 문장에서 필자가 가장 말하고 싶은 것은 무엇인가?
1. コンピューター化によるリスクを経験則によって回避すべきだ。 2. コンピューター化による効率重視の風潮を改めるべきだ。 3. 手によってなされる仕事の伝統を守っていくべきだ。 4. 手によってなされる仕事の価値を再認識すべきだ。	1. 컴퓨터화에 의한 리스크를 경험칙에 의해 회피해야만 한다. 2. 컴퓨터화에 의한 효율 중시 풍조를 고쳐야만 한다. 3. 손에 의해서 이루어진 일의 전통을 지켜 가야 한다. 4. 손에 의해 이루어진 일의 가치를 재인식해야 한다.

해설 마지막 단락에 필자의 주장이 나타나 있다. 필자는 컴퓨터의 출현에 의해 리스크의 소재가 거대해지고 파악하기 어려워졌다며, 「忘れられつつある手の行き場を考えるべきだろう(잊혀지고 있는 손이 갈 곳을 생각해야만 할 것이다)。」라고 설명하고 있다. 즉, 사람이 직접 손으로 하는 것도 중요하다고 주장하고 있으므로, 정답은 4번이다.

問題13 / 문제13

右のページは、大森大学の図書館のホームページに書かれたサービス案内である。下の後の問いに対する答えとして最もよいものを、1・2・3・4から一つ選びなさい。

오른쪽 페이지는, 오모리 대학 도서관 홈페이지에 쓰여진 서비스 안내이다. 다음 문장을 읽고, 다음 질문에 대한 답으로서 가장 좋은 것을 1·2·3·4에서 하나 고르시오

大森大学図書館

他大学の図書館の資料の利用について

利用したい資料が本学にない場合、他大学の図書館の資料を利用できます。

① 他大学の図書館に行く

①-A 相互利用協定校を利用する

69 相互利用協定に加盟している図書館は、学生証の提示のみで、利用することができます。図書館によって、受けられるサービスが異なりますので、下記一覧を参照してください。

協定に加盟している図書館の一覧

	閲覧	貸出
みはま大学図書館	可	可
長島大学図書館	可	可
あおば大学図書館	可	不可
中山工業大学図書館	可	不可

①-B 相互利用協定校以外を利用する

本学図書館が発行する紹介状を持参すれば、相互利用協定校以外の図書館にも入館できます。受けられるサービスについては、各図書館に問い合わせてください。紹介状の発行は、所定の申込書に記入し本学図書館受付で申し込んでください。

注意：利用時は、必ず学生証と紹介状を持参してください。
紹介状の発行は無料ですが、発行まで約5日かかります。

오모리 대학교 도서관

타 대학 도서관 자료 이용에 대해서

이용하고 싶은 자료가 본 대학에 없을 경우, 타 대학교 도서관 자료를 이용할 수 있습니다.

① 타 대학교 도서관에 간다.

①-A 상호 이용 협정교를 이용한다.

69 상호이용 협정에 가맹하고 있는 도서관은 학생증 제시만으로 이용할 수가 있습니다. 도서관에 따라서 받을 수 있는 서비스가 다르기 때문에, 하기 일람을 참조해 주세요.

협정에 가맹하고 있는 도서관 일람

	열람	대출
미하마 대학 도서관	가	가
나가시마 대학 도서관	가	가
아오바 대학 도서관	가	불가
나카야마공업 대학 도서관	가	불가

①-B 상호 이용 협정교 이외를 이용한다.

본 대학 도서관이 발행하는 소개장을 지참하면, 상호 이용 협정교 이외의 도서관에도 입관할 수 있습니다. 받을 수 있는 서비스에 관해서는, 각 도서관에 문의해 주세요. 소개장의 발행은, 소정의 신청서에 기입하고 본 대학 도서관 접수에서 신청해 주세요.

주의 : 이용 시 반드시 학생증과 소개장을 지참해 주세요.
소개장 발행은 무료입니다만, 발행까지 약 5일 걸립니다.

② 他大学の図書館に複写を依頼し、取り寄せる

本学図書館が他大学の図書館に複写を依頼し、取り寄せることができます。

申し込みは、本学図書館受付、または本学図書館ホームページ上で行ってください。

注意：資料の複写料金、送料などは全額利用者負担となります。

一度に依頼できる件数は5件までです。

③ 他大学の図書館から借用した資料を見る

70 本学図書館が他大学の図書館から資料を一定の期間借用し、その資料を本学図書館内にて閲覧することができます。

申し込みは、本学図書館受付で行ってください。

注意：資料の往復送料などは全額利用者負担となります。

本学図書館内での閲覧に限ります。貸出はできません。

借用可能な資料は、一人一点限りとなります。

② 타 대학 도서관에 복사를 의뢰하여 가져오게 한다.

본 대학 도서관이 타 대학 도서관에 복사를 의뢰해서 가져오게 할 수 있습니다.

신청은, 본 대학 도서관 접수, 또는 본 대학 도서관 홈페이지 상에서 해 주세요.

주의 : 자료 복사 요금, 송료 등은 전액 이용자 부담이 됩니다. 한 번에 의뢰할 수 있는 건수는 5건까지입니다.

③ 타 대학 도서관에서 빌린 자료를 본다

70 본 대학 도서관이 타 대학 도서관에서 자료를 일정 기간 빌리고, 그 자료를 본 대학 도서관에서 열람할 수가 있습니다.

신청은, 본 대학 도서관 접수에서 해 주세요.

주의 : 자료 왕복 송료 등은 전액 이용자 부담이 됩니다.

본 대학 도서관 내에서의 열람에 한합니다, 대출은 불가능합니다.

차용 가능한 자료는 한 명 한 개에 한합니다.

어휘 相互(상호) | 利用(이용) | 協定(협정) | 提示(제시) | 下記(하기) | 参照(참조) | 紹介状(소개장) | 入館(입관) | 問い合わせる(문의하다) | 発行(발행) | 所定(소정, 정해져 있는 것) | 申し込む(신청하다) | 無料(무료) | 複写(복사) | 依頼(의뢰) | 全額(전액) | 負担(부담) | 借用(차용, 빌림) | 閲覧(열람) | 往復(왕복) | 貸出(대출) | 送料(송료) | 所蔵(소장) | 加盟(가맹) | 申請(신청)

69 정답 1

大森大学の学生のリンさんは、明日中に借りたい本がある。明日行ける図書館の中では、以下の4館が所蔵していることがわかったので、メモをした。リンさんが本を借りられるのは、次の方法のうちどれか。

오모리 대학교 학생 임 씨는, 내일 중으로 빌리고 싶은 책이 있다. 내일 갈 수 있는 도서관 중에는 이하의 4관이 소장하고 있는 것을 알았기 때문에, 메모를 했다. 임 씨가 책을 빌릴 수 있는 것은 다음 방법 중 어느 것인가?

リンさんのメモ

	協会加盟
長島大学図書館	あり
あおば大学図書館	あり
中山工業大学図書館	あり
さくら大学図書館	なし

임 씨의 메모

	협회 가맹
나가시마 대학교 도서관	있음
아오바 대학교 도서관	있음
나카야마공업 대학교 도서관	있음
사쿠라 대학교 도서관	없음

1. 学生証を持参して、長島大学図書館に行く。

1. 학생증을 지참해서, 나카야마 대학교 도서관에 간다.

2. 今から紹介状を申請し、それを持参して、あおば大学図書館に行く。 3. 学生証を持参して、中山工業大学図書館に行く。 4. 今から紹介状を申請し、それを持参して、さくら大学図書館に行く。	2. 지금부터 소개장을 신청해서, 그것을 지참해서, 아오바 대학교 도서관에 간다. 3. 학생증을 지참해서, 나카야마 공업 대학교 도서관에 간다. 4. 지금부터 소개장을 신청해서, 그것을 지참해서 사쿠라 대학교 도서관에 간다.

해설 타 대학교의 도서관 자료를 빌리려면, 1) 상호 이용 협정교를 이용할 것 2) 상호 이용 협정교 중에서 대출 가능한 곳을 이용할 것이라는 2가지 조건이 필요하며, 1)의 상호 이용 협정교의 도서관은 학생증을 제시하는 것 만으로 이용 가능하다고 했다, 임 씨가 빌리고 싶은 자료가 있는 곳은, 나가시마 대학교, 아오바 대학교, 나카야마공업 대학교 도서관 3곳이며, 이 중에서, 대출이 가능한 나가시마 대학교 도서관으로 가서 학생증을 제시하면 빌릴 수 있다. 따라서 정답은 1번이다.

70 정답 4

大森大学の学生のロイさんは利用したい資料があるが、大森大学にはなかった。他大学に行く時間がないため、複写依頼か資料借用のサービスを利用しようと考えている。ロイさんが注意しなければならないこととして合っているのは、次のどれか。	오모리 대학교 학생인 로이 씨는 이용하고 싶은 자료가 있는데, 오모리 대학교에는 없었다. 타 대학교에 갈 시간이 없기 때문에, 복사 의뢰나 자료를 빌리는 서비스를 이용하려고 생각하고 있다. 로이 씨가 주의하지 않으면 안되는 것으로써 맞는 것을 다음의 어느 것인가?
1. 複写依頼は、資料を所蔵する大学のホームページから行わなければならない。 2. 複写依頼は、一度に2件以上まとめて申し込むことはできない。 3. 資料の借用に必要な送料は、半額を自身が負担しなければならない。 4. 借用した資料は、大森大学図書館内で閲覧しなければならない。	1. 복사 의뢰는 자료를 소장하는 대학교 홈페이지에서 행해야 한다. 2. 복사 의뢰는 한 번에 2건 이상 한꺼번에 신청할 수 없다. 3. 자료 빌리는데 필요한 송료는 반액을 자신이 부담하지 않으면 안된다. 4. 빌리고 싶은 자료는, 오모리 대학교 도서관 내에서 열람해야 한다.

해설 정보 검색 문제에서는 전체 내용을 대략적으로 파악한 뒤에, 질문과 선택지에서 중요한 키워드를 뽑아 내며 맞는 것 틀린 것을 골라가며, 소거법을 사용하여 문제를 푸는 것이 유용하다. 시간이 충분할 경우, 오답 부분을 꼼꼼히 다시 한 번 체크해 두는 것도 좋다. 이 문제에서는 타 대학교에 갈 시간이 없어, 타 대학교 자료를 복사 의뢰 또는 자료 빌리는 서비스를 이용할 경우, 빌린 자료는 오모리 대학교에서 열람해야 한다고 했으므로 정답은 4번이다. 1번 복사 의뢰는 오모리 대학교 홈페이지에서 해야 한다고 했으며, 2번 복사 의뢰는 한 번에 5건까지 가능하고, 3번 자료 빌리는데 필요한 송료는 전액 부담해야 한다고 했으므로 오답이다.

2교시 청해

p51

問題1 / 문제1

問題1では、まず質問を聞いてください。それから話を聞いて、問題用紙の1から4の中から最もよいものを一つ選んでください。

문제1에서는 우선 질문을 들어주세요. 그리고 나서 이야기를 듣고, 문제용지 1에서 4 중에서 가장 좋은 것을 하나 골라 주세요.

(M 남성 | F 여성)

예 정답 3

女の人が新しい製品の企画書について男の人と話しています。女の人はこのあと何をしなければなりませんか。	여자가 새로운 제품 기획서에 대해서 남자와 이야기하고 있습니다. 여자는 이 뒤에 무엇을 해야 합니까?
1. 企画書を見せる 2. 製品の説明を書き直す **3. データを新しくする** 4. パソコンを準備する	1. 기획서를 보여준다. 2. 제품 설명을 다시 쓴다. **3. 데이터를 새롭게 한다.** 4. 컴퓨터를 준비한다.
F：課長、明日の会議の企画書、見ていただけたでしょうか。 M：うん、わかりやすくできあがってるね。 F：あ、ありがとうございます。ただ、実は製品の説明がちょっと弱いかなって気になってるんですが。 M：うーん、そうだね。でもまあ、この部分はいいかな。で、ええと、この11ページのグラフ、これ、随分前まえのだね。 F：あ、すみません。 M：じゃ、そのグラフは替えて。あ、それから、会議室のパソコンやマイクの準備はできてる？ F：あ、そちらは大丈夫です。	F : 과장님, 내일 회의 기획서, 봐 주셨을까요? M : 응, 알기 쉽게 만들어졌네. F : 감사합니다. 단지, 실은 제품 설명이 조금 부족하려나~ 신경이 쓰이는데요. M : 음, 그래도, 뭐, 이 부분은 괜찮을 것 같아. 그리고, 음, 이 11페이지 그래프, 이거, 상당히 예전 거네. F : 앗, 죄송합니다. M : 그럼, 그 그래프는 바꿔줘. 그리고, 회의실 컴퓨터랑 마이크 준비는 됐어? F : 네, 그 쪽은 괜찮습니다.
女の人はこのあと何をしなければなりませんか。	여자는 이 뒤에 무엇을 해야 합니까?

어휘 製品(제품) | 企画書(기획서) | 課長(과장) | できあがる(완성되다, 만들어지다) | ただ(단, 단지) | 説明(설명) | 気になる(신경이 쓰이다) | 部分(부분) | グラフ(그래프) | 随分(꽤, 상당히) | 会議室(회의실) | 準備(준비) | 替える(바꾸다, 교체하다)

해설 문제1번 화제이해 파트에서는 "~은 이 뒤에 무엇을 해야 합니까" 등의 순서나 절차를 묻는 문제가 가장 많이 출제되는데, 이 타입의 문제는 대화를 들으며, 여성(남성)이 해야 하는 일을 시간 순서대로 정리하며 메모해 두는 것이 중요하다. 대체로 마지막 부분에 정답의 힌트가 되는 대화가 나오는 경우가 많다. 이 문제에서는 남성이 우선 "그래프를 바꿀 것" "회의실 컴퓨터와 마이크의 준비"라는 2가지를 지시하고 있는데, 마지막에 여성이 "그 쪽(컴퓨터와 마이크)은 괜찮다"고 했으므로 여성은 이 뒤에 그래프의 데이터를 교체해야 하며, 정답은 3번이 된다.

1번 정답 1

洋服の店で店長と女の店員が話しています。女の店員はまず何をしますか。	양복 가게에서 점장과 여자 점원이 이야기하고 있습니다. 여자 점원은 우선 무엇을 합니까?
1. 商品を補充する	1. 상품을 보충한다.
2. さくら店に商品を送る	2. 사쿠라 점에 상품을 보낸다.
3. ダイレクトメールの発送の準備をする	3. 다이렉트 메일 발송 준비를 한다.
4. 店で使用するかざりを作る	4. 가게에서 사용할 장식을 만든다.
M:森さん、僕、これからちょっと出掛けないといけないんだ。その間、店のほうよろしくね。	M:모리 씨, 나, 지금부터 잠깐 외출해야 해. 그 사이에 가게 잘 부탁해.
F:はい。	F:네.
M:今お客さん少ないから、接客のほうは斉藤さんに任せて、森さんは売れた分商品を倉庫から持ってきて、売り場に並べて。	M:지금 손님 적으니까, 가게 쪽은 사이토 씨에게 맡기고, 모리 씨는 팔린 분량의 상품을 창고에서 가지고 와서 매장에 진열해줘.
F:分かりました。	F:알겠습니다.
M:あ、その前にさくら店に送ることになっている商品をいつものように送っといてくれる？	M:참, 그 전에 사쿠라점에 보내기로 한 상품을 여느 때처럼 보내 둬 주겠어?
F:はい、それなら、さっきしておきました。	F:네, 그거라면 조금 전에 해 두었습니다.
M:ああ、ありがとう。あと、手が空いたら、ダイレクトメールの発送の準備もよろしくね。	M:아, 고마워. 그리고, 손이 비면(짬이 나면), 다이렉트 메일 발송 준비도 부탁해.
F:はい、今度のバーゲンのですね。あ、それで思い出しました。バーゲンのときに店で使う飾りはまだ作らなくていいですか。	F:네, 이번 세일 말이죠? 앗, 그래서 생각났어요. 세일 때에 가게에서 사용할 장식은 아직 만들지 않아도 되나요?
M:うん、それも急いで進めないと、まずいんだ。僕が戻ってきてから指示するから、すぐ取り掛かろう。じゃ、行ってくるよ。	M:응, 그것도 서둘러서 진행하지 않으면 안돼. 내가 돌아와서 지시할 테니까 바로 착수하자. 그럼 다녀올게.
F:分かりました。	F:알겠습니다.
女の店員はまず何をしますか。	여자 점원은 우선 무엇을 합니까?

어휘 補充(보충) | かざり(장식) | 洋服(양복) | 店長(점장) | 店員(점원) | 出掛ける(외출하다) | 接客(접객) | 任せる(맡기다) | ~分(~분량, 몫) | 商品(상품) | 倉庫(창고) | 売り場(매장) | 並べる(늘어놓다, 진열하다) | さっき(조금 전) | 手が空く(손이 비다, 일이 없다, 짬이 나다) | ダイレクトメール(다이렉트 메일) | 発送(발송) | 準備(준비) | 指示(지시) | 取り掛かる(착수하다, 시작하다)

해설 과제 이해 파트에서는 여러가지 일 중에서 먼저 해야 할 일을 찾는 문제가 나오는데, 이 파트에서는 특히 「その前に(그 전에)、

まず(우선)、それから(그리고 나서)」 등의 시간 관계를 나타내는 표현에 주의하며, 순서대로 정리하며 듣는 것이 중요하다. 이 문제에서는, 점장(남성)이 여자 점원에게 몇 가지 일을 지시하고 있는데, 지시한 일 중에서 점장이 없을 때 우선 해야 하는 일과, 점장이 돌아온 후에 시작해야 하는 일을 구분하여 정리하는 것이 필요하다. 그 중에서, 여자 점원이 이미 했다고 한 일을 소거하면 정답을 찾을 수 있다. 점장은 여자 점원에게 '1) 창고에서 상품을 가져와 보충할 것, 2) 사쿠라 점에 상품을 보낼 것, 3) 다이렉트 메일 발송을 준비할 것, 4) 세일 때 사용할 장식 만들기'를 지시하고 있으며, 이 중에서 4)는 점장이 외출에서 돌아오고 나서 착수하자고 말하고 있다. 그리고 2)번은 여자 점원이 이미 했다고 했으므로 정답은 '1) 상품 보충하기'가 된다.

2번 정답 4

大学の就職支援センターで男の学生と職員が話しています。男の学生はこのあとまず何をしますか。	대학교 취업 지원 센터에서 남자 학생과 직원이 이야기하고 있습니다. 남자 학생은 이 뒤에 우선 무엇을 합니까?
1. 体験者のビデオを見る 2. 先生にすいせんじょうを依頼する 3. 保険の加入手続きをする 4. 指定科目の成績をかくにんする	1. 체험자 비디오를 본다. 2. 선생님에게 추천장을 의뢰한다. 3. 보험 가입 절차를 한다. 4. 지정 과목 성적을 확인한다.
M:すみません、インターンシップに参加したいんですけど。	M : 죄송합니다, 인턴십에 참가하고 싶은데요.
F:そうですか。インターンシップのイメージをつかんでもらうために、申し込む前に先輩たちの体験談のビデオを見ることをお勧めしているんですけど。	F : 그렇습니까. 인턴십 이미지를 잡기 위해서, 신청하기 전에 선배들의 체험담 비디오를 보는 것을 권하고 있는데요.
M:はい、それは一通り。それで、川本貿易という会社に申し込みたいんですが。	M : 네, 그것은 얼추. 그래서, 가와모토 무역이라는 회사에 신청하고 싶은데요.
F:はい。	F : 네.
M:あのう、指導教員の推薦状とかって必要なんですか。	M : 저, 지도 교원 추천장이라든가는 필요한가요?
F:はい。実際の業務をするんで、保険にも加入する必要があります。	F : 네, 실제 업무를 하기 때문에, 보험에도 가입할 필요가 있습니다.
M:そうですか。	M : 그렇습니까?
F:あと、「グローバル経営」という科目はもう取りましたか。この科目の成績がよくないと申し込めないんですよ。成績が「優」か「良」であることが申し込みの条件になってます。	F : 그리고, "글로벌 경영"이라는 과목은 이미 취득했습니까? 이 과목 성적이 좋지 않으면 신청할 수 없어요. 성적이 "우"나 "양"인 것이 신청 조건입니다.
M:ああ、その科目、去年単位は取得していて、確か「良」だったと思うんですが、どうだったかな。うちに帰れば分かるんですけど。	M : 아, 그 과목, 작년에 단위 취득해서, 확실히 '양'이었다고 생각하는데, 어땠었지? 집에 돌아가면 알 수 있는데요.
F:じゃ、それを確かめることからですね。申し込みの締め切り自体はまだ先なんで、書類や具体的な手続きといったことはそれからで。	F : 그럼, 그것을 확인하는 것부터네요. 신청 마감 자체는 아직 멀었기 때문에, 서류나 구체적인 절차는 그 뒤에.
M:はい、ありがとうございました。	M : 네, 감사합니다.

| 男の学生はこのあとまず何をしますか。 | 남자 학생은 이 뒤에 우선 무엇을 합니까? |

어휘 就職(취직) | 職員(직원) | インターンシップ(인턴십) | イメージをつかむ(이미지를 잡다) | 申し込む(신청하다) | 体験談(체험담) | 勧める(권하다) | 指導教員(지도교원) | 推薦状(추천장) | 業務(업무) | 保険(보험) | 加入(가입) | 経営(경영) | 成績(성적) | 単位(단위) | 締め切り(마감) | 書類(서류) | 依頼(의뢰)

해설 인턴십 신청을 위해서 필요한 '조건'과 필요한 '서류' '추천 사항'을 각각 구분해서 정리해 두는 것이 중요하다. 인턴십을 신청하기 위해서는 '글로벌 경영' 과목 성적이 '우'나 '양' 이상일 것이 조건이며, '교수의 추천장과 보험 가입' 서류가 필요하다. 그리고, 체험자 비디오를 봐 둘 것을 권하고 있다. 남자 학생은 체험자 비디오는 이미 봤으며, '글로벌 경영' 과목도 작년에 취득하였지만, 정확히 성적을 모른다고 했으므로, 우선 성적이 '우'나 '양' 이상인지 확인해야 하므로, 정답은 4번이다.

3번 정답 2

旅行会社で女の人と課長が見積書について話しています。女の人はこのあとまず何をしなければなりませんか。	여행회사에서 여자와 과장이 견적서에 대해서 이야기하고 있습니다. 여자는 이 뒤에 우선 무엇을 하지 않으면 안됩니까?
1. 見積もりの合計金額を見直す	1. 견적 합계 금액을 다시 점검한다.
2. 見積もり金額の内訳を詳しく書く	**2. 견적 금액 내역을 상세하게 쓴다.**
3. バスが確保できたか確認する	3. 버스를 확보할 수 있는지 확인한다.
4. 見積書の有効期限を書く	4. 견적서 유효기간을 쓴다.

F: 課長、海山産業の社員旅行の見積もりを作成したので、ちょっと目を通していただけないでしょうか。
M: いいよ。うーん、見積もりの合計金額は、まあ、妥当な線かな。これでよさそうだね。でも、金額の提示が大雑把っていうか、情報不足というか、分かりにくいね。
F: とおっしゃいますと？
M: 何にいくらかかるかというところをもう少し細かく書かないと、先方も検討のしようがないんじゃない？
F: はい。
M: それから、バスは2台ってなってるけど、確保できてる？ 見積もりを出す以上は、当日移動手段がなかったなんてわけにはいかないからね。
F: バス会社のほうからは可能との報告を受けております。
M: そう。仮予約取れてるなら安心だね。あ、見積もりの有効期限、抜けてるよ。
F: あ、すみません。最終的に、部長の決裁をいただいてからと思っていましたが。

F: 과장님, 우미야마 산업 사원 여행 견적을 작성했으니, 잠깐 대충 봐 주실 수 있을까요?
M: 좋아, 음~, 견적 합계 금액은 뭐, 타당한 선일까나~, 이걸로 좋을 것 같군. 그런데, 금액 제시가 대충이라고 할까, 정보부족이라고 할까, 알기 어렵네.
F: 무슨 말씀이실까요?
M: 무엇에 얼마 든다는 점을 조금 더 자세히 적지 않으면, 상대편도 검토할 방법이 없잖아?
F: 네.
M: 그리고, 버스가 2대라고 되어 있는데, 확보 되었어? 견적을 내는 이상은, 당일 이동 수단이 없었다, 따위라고 할 수는 없으니까.
F: 버스 회사 쪽으로부터는 가능하다는 보고를 받았습니다.
M: 그래? 가예약 되어 있다면, 안심이군, 아, 견적 유효 기간 빠져 있어.
F: 아, 죄송합니다. 최종적으로, 부장님 결재를 받고 나서 하려고 생각하고 있었습니다만.

M: そうか。じゃ、差し当たりさっきの点だけ直しといて。	M: 그래? 그럼, 우선 조금 전의 점만 고쳐 둬줘.
女の人はこのあとまず何をしなければなりませんか。	여자는 이 뒤에 우선 무엇을 하지 않으면 안 됩니까?

어휘 旅行(여행) | 見積もり(견적) | 目を通す(전체를 대충 보다, 훑어보다) | 金額(금액) | 妥当(타당) | 提示(제시) | 大雑把(대략, 얼추) | 先方(상대편) | 検討(검토) | ~しよう(~할 방법, 도리) | 確保(확보) | 当日(당일) | 手段(수단) | 報告(보고) | 仮~(가~) | 有効期限(유효 기간) | 決済(결재) | 内訳(내역)

해설 과장이 여자 직원에게 지시한 것 중, 이미 해결된 부분과 나중에 해결해야 할 일, 지금 당장 해결해야 할 부분을 정리해서 듣는 것이 필요하다. 과장은 여자 직원에게 금액의 상세 내역을 적을 것, 버스가 확보되었는지, 유효기간이 빠져 있는 것의 총 3가지를 지적했는데, 이 중에서 버스는 이미 가예약이 되어 있고, 유효기간은 부장의 결재를 받은 후에 기재한다고 하였으므로, 정답은 "견적의 내역을 상세히 적는다"는 2번이 된다.

4번 정답 1

会社で女の人と男の人が話しています。男の人はまず何をしなければなりませんか。	회사에서 여자와 남자가 이야기하고 있습니다. 남자는 우선 무엇을 해야 합니까?
1. 企画書を修正する	1. 기획서를 수정한다.
2. 出張の資料を作成する	2. 출장 자료를 작성한다.
3. 店の予約をキャンセルする	3. 가게 예약을 취소한다.
4. 会食に使う店を探す	4. 회식에 사용할 가게를 찾는다.
F: 林さん、企画書、確認したよ。明日、大山商事の中田部長との打ち合わせで使うやつ。直してほしいところ、メモしておいたから、修正してくれる？	F: 하야시 씨, 기획서, 확인 했어. 내일 오야마상사 나카타 부장님과의 미팅에서 사용할 것. 고쳐 주었으면 하는 부분, 메모해 두었으니까 수정해 주겠어?
M: あの、今、来週の出張のための資料を作ってるんですけど、そのあとでも大丈夫ですか。あと1時間ほどで終わる見込みなんですけど。	M: 저, 지금, 다음 주 출장을 위한 자료를 만들고 있는데요, 그 후에라도 괜찮습니까? 앞으로 한시간 정도로 끝날 전망인데요.
F: 今10時か。30分ぐらいで済むと思うから、先にお願いできる？私、1時間後に出ちゃうから、その前に最終チェックしておきたいんだ。	F: 지금 10시인가? 30분 정도로 끝날 거라고 생각하니까, 먼저 부탁할 수 있을까? 나, 1시간 후에 나가 버리니까, 그 전에 최종 체크해 두고 싶어.
M: はい。	M: 네.
F: あと、打ち合わせのあとに予定している中田部長との会食の場所なんだけど、いつもの焼肉屋、予約しちゃったよね。	F: 그리고, 미팅 후로 예정된 나카타 부장님과의 회식 장소 말인데, 항상 가는 갈비집, 예약해버렸지?
M: はい。	M: 네.
F: そっか。申し訳ないんだけど、予約のキャンセルお願いできる？実は中田部長、最近健康を気にして、油っぽいものは控えてるんだって。さっき電話でそんな話聞いて。	F: 그렇군. 미안한데, 예약 취소 부탁해도 될까? 실은 나카타 부장님, 최근 건강을 신경 써서, 기름진 것은 피하고 있대. 조금 전 전화에서 그런 이야기 들어서.

M：そうですか。 F：修正が終わったらでいいから。 M：分かりました。 F：あ、お店探すのは、ほかの人に頼むから。林さんはとりあえずキャンセルをよろしく。	M：그렇습니까? F：수정이 끝나면,으로 괜찮으니까. M：알겠습니다. F：아, 가게 찾는 것은 다른 사람에게 부탁할테니까, 하야시 씨는 우선 취소 부탁해.
男の人はまず何をしなければなりませんか。	남자는 우선 무엇을 해야 합니까?

어휘 企画書(기획서) | 出張(출장) | 作成(작성) | 予約(예약) | キャンセル(취소) | 会食(회식) | メモ(메모) | 直す(고치다) | 見込み(전망, 예정) | 済む(끝나다, 완료되다) | 打ち合わせ(미팅) | 最終(최종) | 健康(건강) | 控える(피하다, 조심하다) | 油っぽい(기름지다) | 修正(수정)

해설 남성은 기획서 수정과 다음 주 출장을 위한 자료, 예약 취소라는 총 3가지 일을 해야하는데, 여자는 남자에게 '기획서 수정'을 먼저 해달라고 하였다. "가게 예약은 기획서 수정이 끝나고 나서" 하면 된다고 했으므로 정답은 1번이다.

5번 정답 2

飲食店の男の経営者と経営の専門家が話しています。男の経営者はこのあとアルバイトの人に対して新たに何をしますか。	음식점의 남자 경영자와 경영 전문가가 이야기하고 있습니다. 남자 경영자는 이 뒤에 아르바이트에 대해서 새롭게 무엇을 합니까?
1. 研修期間を長くする 2. 店の経営理念を伝える 3. 時給を上げる 4. 業務のしゅうじゅくどを評価する	1. 연수기간을 길게 한다. 2. 가게 경영 이념을 전달한다. 3. 시급을 올린다. 4. 업무 습득도를 평가한다.
M：短期間でアルバイトを辞めてしまう人が多いんです。何とか定着を図りたいんですが。 F：そうですね、仕事に慣れない、人間関係が築けないということで辞めてしまうことが多いようですよ。ですから、職場の環境に早くなじめるよう、新しい人が入ったら、期間を設けて研修することが大切です。 M：はい。今、研修期間は三日間ですが、時間が十分ではありません。期間を長くしたほうがいいでしょうか。 F：それは個々の状況に合わせるのがいいので、無理にはそれより、どんな店にしていきたいかなど、経営に対する経営者の根本的な考えについて話す時間を設けることが必要ですよ。 M：そうですか。	M：단기간에 아르바이트를 그만둬 버리는 사람이 많습니다. 어떻게든 정착을 꾀하고 싶은데요. F：그렇군요. 일에 익숙해지지 못한다, 인간관계를 형성할 수 없다는 것으로 인해서 그만둬 버리는 경우가 많은 것 같아요. 그러니까, 직장 환경에 빨리 익숙해지도록, 새로운 사람이 들어오면 기간을 두고 연수하는 것이 중요합니다. M：네, 지금 연수기간은 3일간인데, 시간이 충분하지는 않습니다. 기간을 길게 하는 편이 좋을까요? F：그것은 개별 상황에 맞추는 것이 좋기 때문에, 무리하게는. 그것보다, 어떤 가게로 만들어 가고 싶은지 등, 경영에 대한 경영자의 근본적인 생각에 대해서 이야기하는 시간을 만드는 것이 필요해요. M：그렇습니까?

F：そうすることで、共通理解ができて連帯感も生まれますから。	F：그렇게 하는 것으로, 공통 이해가 만들어지고 연대감도 생기니까요.
M：なるほど。研修の時間は限られますが、その中でうまく時間をやりくりしたいと思います。あと、やっぱり時給も影響がありますよね。	M：그렇군요. 연수 기간은 한정되어 있지만, 그 안에서 잘 시간을 만들고 싶습니다. 그리고, 역시 시급도 영향이 있겠죠?
F：時給が高いに越したことはないですが、必ずしもそれが仕事を辞める原因となるわけではないんですよ。あとは、仕事の作業項目ごとに習熟度を定期的に評価して、アルバイトの人自身が成長を実感できるようにするとモチベーションが上がっていいですよ。	F：시급이 높은 것보다 좋은 것은 없지만, 반드시 그것이 일을 그만두는 원인이 되는 것은 아닙니다. 나머지는 일의 작업 항목마다 습득도를 정기적으로 평가해서 아르바이트 자신이 성장을 실감할 수 있도록 하면 의욕이 높아져서 좋습니다.
M：はい、それは以前から取り組んでいます。では、アドバイスいただいた点、早速やってみます。	M：네, 그것은 이전부터 하고 있습니다. 그러면, 조언 받은 점, 바로 해 보겠습니다.
男の経営者はこのあとアルバイトの人に対して新たに何をしますか。	남자 경영자는 이 뒤에 아르바이트에 대해서 새롭게 무엇을 합니까?

어휘 飲食店(음식점) | 定着(정착) | 図る(꾀하다, 도모하다) | 慣れる(익숙해지다) | 職場(직장) | なじむ(잘 어울리다, 친숙해지다) | 設ける(마련하다, 두다) | 研修(연수) | 根本的(근본적) | 連帯感(연대감) | やりくり(변통, 꾸려 나감) | 時給(시급) | 作業(작업) | 項目(항목) | 習熟度(습득도, 익숙해지는 정도, 진척도) | 実感(실감) | 早速(곧, 바로) | 理念(이념) | モチベーション(모티베이션, 의욕, 동기부여)

해설 전문가가 경영자에게 한 조언은 총 3가지로 1) 연수를 충분히 할 것, 2) 경영에 대한 경영자의 생각을 이야기할 시간을 가질 것, 3) 일의 항목별 작업 습득도를 정기적으로 평가할 것이었다. 이 중에서, 1) 연수 기간은 가게별로 상황에 맞추어 설정하면 된다고 하였고, 3) 작업 습득도 평가는 이미 현재도 하고 있다고 했으므로, 경영자가 지금부터 새롭게 할 것은 가게 경영 이념을 전달하는 것이므로, 정답은 2번이다.

6번 정답 2

市役所で男の職員と女の職員が市の広報誌について話しています。女の職員は次の号の広報誌をどのように改善しますか。	시청에서 남자 직원과 여자 직원이 시 홍보지에 관해서 이야기하고 있습니다. 여자 직원은 다음 호 홍보지를 어떻게 개선합니까?
1. 投書らんを設ける 2. 政策関連の記事に図を用いる 3. イベント情報の記事を増やす 4. 子育て関連の記事を増やす	1. 투서란을 설치한다 2. 정책관련 기사에 그림을 이용한다. 3. 이벤트 정보 기사를 늘린다. 4. 육아 관련 기사를 늘린다.
M：先日行った市の広報誌に関するアンケート結果が出たから、次の号から反映できることは反映して、紙面を改善しようと思うんだ。	M：요전 날 실시한 시 홍보지에 관한 앙케이트 결과가 나왔으니까, 다음 호부터 반영할 수 있는 것은 반영해서, 지면을 개선하려고 생각해.
F：はい。	F：네.

M：投書欄を設けてほしいっていう要望が多かったから、早急に対応したいんだけど、いつから始められるかな。

F：ええと、次の号の紙面はすでに割り振ってしまったので、市からのお知らせを掲載する欄で投書を募るとして、その次からなら投書欄を設けることができます。

M：じゃ、それでよろしく。それから、政策を紹介する記事が分かりにくいという意見も多かったんだ。

F：そうですか。昨年から、イベント情報の記事を増やしたので、政策関連の記事に割ける紙面の割合がやや少なくなっています。そのせいでしょうか。

M：分量というより、グラフやイラストなど視覚的な説明がなくて、分かりにくいってことなんだよ。イベント情報は、いちばんよく読まれてるって結果だったから、イベント情報を増やしたことはいいと思う。それはそのままで。それより、その分かりにくいってとこを見直して。

F：はい。次の号からやってみます。

M：うん。あと、子育て関連の記事は参考になっていいってことだから、これまでどおり取り上げていこう。

F：はい。

女の職員は次の号の広報誌をどのように改善しますか。

M : 투서란을 만들어 주었으면 좋겠다는 희망이 많았으니까, 바로 대응하고 싶은데, 언제부터 시작할 수 있을까?

F : 음, 다음 호 지면은 이미 배당해 버렸기 때문에, 시로부터의 알림을 게재하는 란에서 투서를 모으기로 하고, 그 다음부터라면 투서란을 만들 수 있습니다.

M : 그럼, 그렇게 부탁해. 그리고, 정책을 소개하는 기사가 알기 어렵다는 의견도 많았어.

F : 그렇습니까? 작년부터 이벤트 정보 기사를 늘렸기 때문에, 정책 관련 기사에 할애하는 지면 비율이 조금 적어져 있습니다. 그 탓일까요?

M : 분량이라기보다, 그래프나 일러스트 등 시각적인 설명이 없어서, 알기 어렵다는 거였어. 이벤트 정보는 제일 잘 읽는다는 결과였으니까, 이벤트 정보를 늘린 것은 좋다고 생각해. 그것은 그대로. 그것보다 그 알기 어렵다는 곳을 고쳐줘.

F : 네, 다음 호부터 해 보겠습니다.

M : 응. 그리고, 육아 관련 기사는 참고가 된다하니까, 지금까지대로 다뤄 가자.

F : 네.

여자 직원은 다음 호 홍보지를 어떻게 개선합니까?

어휘 市役所(시청) | 広報誌(홍보지) | 改善(개선) | 反映(반영) | 紙面(지면) | 割り振る(배정하다, 할당하다) | 投書欄(투서란) | 要望(요망, 희망) | 早急(몹시 급함) | 掲載(게재) | 募る(모집하다, 모으다) | 政策(정책) | 割く(할애하다) | 分量(분량) | 視覚的(시각적) | 割合(비율) | 見直す(재고하다, 다시 보다) | 取り上げる(채택하다)

해설 시 홍보지 설문조사를 보며 개선 방안을 이야기하고 있는데, 문제점은 「政策を紹介する記事が分かりにくいという意見も多かったんだ(정책을 소개하는 기사가 알기 어렵다는 의견도 많았어)」라는 점이었다. 이 부분에 대해, "분량의 문제가 아니고, 시각적인 설명이 없어서 알기 어렵다"는 의견이 많다고 하였으므로 정답은 2번이다.

問題2 / 문제2

問題2では、まず質問を聞いてください。そのあと、問題用紙のせんたくしを読んでください。読む時間があります。それから話を聞いて、問題用紙の1から4の中から最もよいものを一つ選んでください。

문제2에서는 우선 질문을 들어주세요. 그 뒤에, 문제 용지 선택지를 읽어 주세요. 읽을 시간이 있습니다. 그리고 나서 이야기를 듣고, 문제용지 1에서 4 중에서 가장 좋은 것을 하나 골라 주세요.

예 정답 3

大学で男の学生と女の学生が話しています。この男の学生は先生がどうして怒ったと言っていますか。	대학교에서 남자 학생과 여자 학생이 이야기하고 있습니다. 이 남자 학생은 선생님이 왜 화났다고 말하고 있습니까?
M : ああ、先生を怒らせちゃったみたいなんだよね。困ったな。	M : 으아~선생님 화나게 해 버린 것 같아. 곤란한데.
F : え、どうしたの？	F : 어? 무슨 일이야?
M : うーん。いやそれがね、先生に頼まれた資料、昨日までに渡さなくちゃいけなかったんだけど、いろいろあって渡せなくて。	M : 으~응, 아니 그게 말이야. 선생님에게 부탁받은 자료, 어제까지 건네야 했는데, 여러가지 있어서 못 건네서.
F : えー、それで怒られちゃったの？	F : 에에? 그래서 혼났어?
M : うん、いや、それで怒られたっていうより、おととい、授業のあと、飲み会があってね。で、ついそれを持ってっちゃったんだけど、飲みすぎて、寝ちゃって、忘れてきちゃったんだよね。	M : 응, 아니, 그래서 혼났다기보다, 엊그제, 수업 뒤에 회식이 있어서. 그래서 무심코 그것을 가지고 가 버렸는데, 너무 많이 마셔서, 자 버려서, 두고 와 버렸어.
F : え？ じゃ、なくしちゃったわけ？	F : 뭐? 그럼 잃어버린 거야?
M : いや、出てはきたんだけどね、うん。先生が、なんでそんな大事な資料を飲み会なんかに持っていくんだって。	M : 아니, 나오기는 했는데 말이야, 음, 선생님이, 왜 그런 중요한 자료를 회식 따위에 가지고 가냐고.
F : ま、そりゃそうよね。	F : 뭐, 그건 그렇네.
この男の学生は先生がどうして怒ったと言っていますか。	이 남자 학생은 선생님이 왜 화났다고 말하고 있습니까?
1. 昨日までに資料を渡さなかったから	1. 어제까지 자료를 건네지 못했기 때문에
2. 飲み会で飲みすぎて寝てしまったから	2. 회식에서 너무 많이 마셔서 자버렸기 때문에
3. 飲み会に資料を持っていったから	3. 회식에 자료를 가지고 갔기 때문에
4. 資料をなくしてしまったから	4. 자료를 잃어 버렸기 때문에

어휘 資料(자료) | 渡す(건네다) | 飲み会(회식) | 大事(중요한)

해설 문제2 포인트 이해 파트에서는 어떤 일이나 동작이 발생한 계기나 원인, 이유 또는 특정 키워드에 대한 이해도를 묻는 문제가 출제된다. 순접의 접속사(「だから、このため、それで、したがって(그래서, 따라서)」나 앞 부분의 내용을 정리하는 접속사(「つまり、すなわち…(즉)」) 전후로 정답의 힌트가 되는 내용이 나오는 경우가 많다. 질문에서 포인트가 되는 키워드가 무엇인지를 파악해 두는 것이 중요하다.

이 문제에서는 선생님이 화가 난 이유를 말하고 있는데, 마지막 대화에서 남자 학생이 "왜 중요한 서류를 회식 자료에 가지고 가느냐"는 이유로 화가 났다고 설명하고 있으므로 정답은 3번이다.

1번 정답 2

テレビでレポーターが陶磁器の職人にインタビューをしています。職人はこの地域で作られる鍋が特に人気なのはどうしてだと言っていますか。	텔레비전에서 리포터가 도자기 장인에게 인터뷰를 하고 있습니다. 장인은 이 지역에서 만들어지는 냄비가 특히 인기인 것은 왜라고 말하고 있습니까?
F: 今日は陶磁器の鍋を作っている職人の青木さんにお話を伺います。土を焼いて作る陶磁器の鍋は、金属製の鍋に比べて料理が冷めにくいなど、今見直されていますが、この地域で作られる鍋は昔から人気だそうですね。 M: ええ。ご存じのように陶磁器の鍋の弱点は割れやすいことです。もともとこの地域でとれる土は強度が弱く、鍋には向いてないんですが、試行錯誤の末、海外から輸入した石を材料に加えることで、非常に強度の高い鍋を作り出すことに成功したんです。 F: なるほど。 M: 親子三代、長く使えるとご愛顧いただいてます。ただ、ここ最近は海外からの製品に押されぎみで。安くて見た目が華やかな製品っていうのはやはり人気ですからね。 F: ええ。 M: 競争力をつけるためにも、今後は揚げ物ものや蒸し焼きといったいろいろな調理に使えるよう、機能性を高めるなどより一層の工夫が必要だと考えています。	F: 오늘은 도자기 냄비를 만들고 있는 장인인 아오키 씨에게 이야기를 듣겠습니다. 흙을 구워서 만드는 도자기 냄비는 금속제 냄비에 비해서 요리가 차가워지기 어려운 등, 지금 재인식되고 있는데, 이 지역에서 만들어지는 냄비는 옛날부터 인기라고 하죠? M: 네, 아시는 것처럼 도자기 냄비의 약점은 깨지기 쉬운 것입니다. 원래 이 지역에서 나오는 흙은 강도가 약해서 냄비에는 적합하지 않은데, 시행착오 끝에, 해외에서 수입한 돌을 재료에 더하는 것으로 인해, 굉장히 강도가 높은 냄비를 만들어 내는데 성공했습니다. F: 그렇군요. M: 3대에 걸쳐, 오래 사용할 수 있다고 사랑받고 있습니다. 단지, 요 근래는 해외에서의 제품에 밀리는 분위기라. 싸고 겉보기에 화려한 제품이라는 것은 역시 인기가 있으니까요. F: 네. M: 경쟁력을 기르기 위해서도, 향후는 튀김이나 찜구이라는 여러 조리에 사용할 수 있도록, 기능성을 높이는 등, 보다 한층 궁리가 필요하다고 생각하고 있습니다.
職人はこの地域で作られる鍋が特に人気なのはどうしてだと言っていますか。	장인은 이 지역에서 만들어지는 냄비가 특히 인기인 것은 왜라고 말하고 있습니까?
1. 料理が冷めにくいから **2. 丈夫で長持ちするから** 3. 安くて見た目がはなやかだから 4. いろいろな料理に使えるから	1. 요리가 식기 어렵기 때문에 **2. 튼튼하고 오래 가기 때문에** 3. 싸고 겉보기에 화려하기 때문에 4. 여러 요리에 사용할 수 있기 때문에

어휘 | 陶磁器(도자기) | 鍋(냄비) | 伺う(여쭙다) | 金属製(금속제) | 弱点(약점) | 試行錯誤(시행착오) | 輸入(수입) | 強度(강도) | 親子(부모와 자식, 모자) | 愛顧(애호) | 押される(밀리다) | 競争力(경쟁력) | 揚げ(튀김) | 蒸し焼き(찜구이) | 調理(조리) | 機能性(기능성)

해설 리포터가 "이 지역에서 만들어지는 냄비가 인기인 이유"를 묻고 있는데, 장인은 "해외에서 수입한 돌을 재료에 섞어 강도가 높은 냄비를 만들어 내는데 성공했다"고 설명하고 있다. 그리고, "3대에 걸쳐 사용할 수 있다"고 부연설명 하고 있으므로, 정답은 2번이 된다.

2번 정답 4

喫茶店で男の人と女の人が話しています。男の人は新しい部署の人材募集に応募するにあたり、何が心配だと言っていますか。	커피숍에서 남자와 여자가 이야기하고 있습니다. 남자는 새로운 부서 인재 모집에 응모하는데 있어서, 무엇이 걱정이라고 말하고 있습니까?
M : 今度うちの会社、商品開発の新しい部署の立ち上げで、ほかの部署から広く人材を募集することになったんだ。	M : 이번에 우리 회사, 상품 개발의 새로운 부서를 세워서 다른 부서에서 널리 인재를 모집하게 되었거든.
F : へえ。	F : 흐~음.
M : いつか開発の仕事やってみたいって思ってたから、応募してみようと思って。	M : 언젠가 개발 일, 해보고 싶다고 생각하고 있었으니까. 응모해 볼까 생각해서.
F : いいじゃない。頑張って。	F : 좋네! 파이팅!
M : うん。上司にも相談したら、思い切って受けてみろって背中押されたよ。ああ、心配なんだよな。	M : 음, 상사에게도 상담했는데, 과감하게 응모해 보라고 등을 떠밀어줬어. 아~아~ 걱정이야.
F : 開発の仕事は人気ありそうだから、競争率高いだろうね。	F : 개발 일은 인기가 있을 것 같으니까, 경쟁률 높겠지?
M : そういうんじゃなくて。僕は開発の仕事の経験もないし、すごい自信があるわけでもないから、落ちたとしても、まあ、しかたないというか、そんなに気にはしないんだけど、落ちたとき、今の部署でこれまでと同じように過ごせるかなって。だって、新しい部署を希望するってことは、今の部署に不満があるって捉えられる可能性があるだろ？僕が応募したこと気づく人いるかもしれないから。	M : 그런 게 아니고. 나는 개발 일 경험도 없고, 굉장히 자신이 있는 것도 아니니까, 떨어졌다고 해도, 뭐어, 어쩔 수 없다고 할까, 그렇게 신경은 쓰지 않는데, 떨어졌을 때, 지금 부서에서 지금까지랑 똑같이 지낼 수 있을까? 하고. 왜냐하면, 새로운 부서를 희망한다는 것은, 지금 부서에 불만이 있다고 생각될 가능성이 있잖아? 내가 응모한 것 눈치챈 사람이 있을지도 모르니까.
F : うーん。でも、それ、ちょっと考えすぎじゃない？	F : 으~음, 그런데, 그거, 너무 깊게 생각한 거 아닐까?
男の人は新しい部署の人材募集に応募するにあたり、何が心配だと言っていますか。	남자는 새로운 부서 인재 모집에 응모하는데 있어서, 무엇이 걱정이라고 말하고 있습니까?
1. 上司が応募を快く思わないこと	1. 상사가 응모를 호의적으로 생각하지 않는 것.
2. 新しい部署に採用される可能性が低いこと	2. 새로운 부서에 채용될 가능성이 낮은 것.
3. 商品開発の仕事の経験がないこと	3. 상품 개발 일의 경험이 없는 것.
4. 不採用だったら今の部署にいづらくなること	4. 채용되지 않는다면, 지금 부서에 있기 어려워지는 것

어휘 喫茶店(커피숍) | 部署(부서) | 人材(인재) | 応募(응모) | 立ち上げる(새로 세우다, 설립하다) | 開発(개발) | 募集(모집) | 相談(상담) | 背中を押される(등을 떠밀다) | 競争率(경쟁률) | 希望(희망) | 不満(불만) | 捉える(포착하다) | 快い(기분

좋다, 호의적이다) | 採用(채용)

해설 남자가 걱정이라고 설명하고 있는 것과, 여자가 추측하고 있는 이유를 나누어서 정리해 두는 것이 중요하다. 마지막 대화에서 남성은 새로운 부서에 응모한 것이 알려지면, 현재 소속되어 있는 부서에 불만이 있다고 주위가 생각하는 것이 걱정이라고 설명하였으므로 정답은 4번이다.

3번 정답 4

テレビでアナウンサーが男の人に小学生のときの不登校の経験についてインタビューしています。男の人が学校に行けるようになったきっかけは何ですか。	텔레비전에서 아나운서가 남자에게 초등학교 때의 등교 거부 경험에 대해서 인터뷰하고 있습니다. 남자가 학교에 갈 수 있게 된 계기는 무엇입니까?
F : 近年、夏休みのあとで学校に行けずにそのまま不登校になってしまう児童が増えています。今日は小学校教師の佐藤先生にお話を伺います。実は、先生ご自身が小学生のとき不登校であったと。 M : はい、5年生のとき、夏休みが残り一週間なのに宿題が全然終わってなくて。焦ったものの、急にやる気がうせて、学校に行く気力がなくなってしまったんです。親は学校に原因があるんじゃないかって、転校させようとしたんですが、別にそういうことじゃないわけで。 F : 無気力みたいなものですか。 M : ええ。友達もうちに迎えに来てくれましたし、先生も熱心な方で、何度も話をしに来てくれました。今でも感謝の気持ちでいっぱいです。登校には至りませんでしたけどね。 F : そうですか。 M : そんなとき、市の児童支援センターで小学生の頃不登校だった大学生と出会って。自分の気持ちを打ち明けたら理解してもらえて。何だか楽になって、6年生から戻ることができました。 F : 先生はご自身のそういった体験を教育に生かそうと。 M : ええ、学校や地域で不登校の子供たちの相談に乗っています。	F : 근년, 여름 방학 뒤에 학교에 가지 못하고 그대로 등교 거부가 되어 버리는 아동이 늘고 있습니다. 오늘은 초등학교 교사인 사토 선생님에게 이야기를 듣겠습니다. 실은 선생님 자신이 초등학교 때 등교 거부였다고요. M : 네, 5학년 때, 여름 방학이 일주일 남았는데, 숙제가 전혀 끝나지 않아서. 초조했지만, 갑자기 의욕이 없어져서, 학교에 갈 기력이 없어져 버렸어요. 부모는, "학교에 원인이 있는 게 아닐까?"하고 전학하게 하려고 했는데, 별로 그러한 것이 아니어서. F : 무기력 같은 것입니까? M : 네, 친구들도 우리 집에 데리러 와 주었고, 선생님도 열심인 분이라서 몇 번이나 이야기를 하러 와 주었습니다. 지금도 감사의 기분으로 가득합니다. 등교는 하지 못했지만요. F : 그렇군요. M : 그런 때, 시 아동지원 센터에서 초등학교 무렵, 등교 거부였던 대학생을 만나서, 자신의 기분을 밝혔더니 이해해 주어서. 무언가 기분이 편해져서. 6학년 때부터 돌아올 수 있었습니다. F : 선생님은 자신의 그러한 체험을 교육에 살리려고. M : 네. 학교나 지역에서 등교 거부 아이들의 상담을 하고 있습니다.
男の人が学校に行けるようになったきっかけは何ですか。	남자가 학교에 갈 수 있게 된 계기는 무엇입니까?
1. ほかの学校に転校したこと 2. 友達が迎えに来てくれたこと 3. 先生が相談に乗ってくれたこと 4. 同じ経験をもつ人と話せたこと	1. 다른 학교에 전학한 것 2. 친구가 마중 와 준 것 3. 선생님이 상담을 해 준 것 4. 같은 경험을 가진 사람과 이야기 할 수 있었던 것

어휘 アナウンサー(아나운서) | 不登校(등교 거부) | インタビュー(인터뷰) | きっかけ(계기) | 近年(근년) | 児童(아동) | 伺う(묻다, 여쭙다) | やる気(의욕) | うせる(없어지다, 사라지다) | 転校(전교) | 無気力(무기력) | 感謝(감사) | 至る(이르다, 도달하다) | 打ち明ける(숨김 없이 털어놓다, 밝히다) | 相談に乗る(상담을 하다, 상담에 응하다)

해설 남성이 자신이 등교거부를 하게 된 이유와, 다시 학교에 갈 수 있게 된 계기에 대해서 설명하고 있다. 포인트 이해 파트에서는 전체적 내용의 흐름을 메모해가며, 요지를 파악해 두는 것도 중요하다. 남성은 시의 아동 지원 센터에서, 초등학교 무렵 등교 거부였던 대학생을 만나, 자신의 기분을 털어 놓은 것으로 인해 마음이 편해져 학교에 갈 수 있게 되었다고 설명하고 있다. 따라서 정답은 4번이다.

4번 정답 3

大学工学部のロボット学概論の授業で先生が話しています。今日このあとの講義のテーマは何ですか。	대학교 공학부 로봇학 개론 수업에서 선생님이 이야기하고 있습니다. 오늘 이 뒤의 강의 테마는 무엇입니까?
M:新入生の皆さん、今日はロボット学概論の初回の講義です。えー、世界初の産業用ロボットが誕生し、半世紀が経ちますが、現在では医療、福祉などさまざまな分野で活用されています。今学期の講義は、主にロボット開発の歴史と展望についてです。講義は次回から本題に入り、ロボットの定義づけからやりますが、その前にこの初回講義では導入としてロボットの社会的使命について考えます。えー、ロボット工学を専攻する人は、機械工学、情報処理の知識や技能と勉強することが山ほどあります。この講義はそれらの基盤ともなりますので、しっかりやりましょう。	M:신입생 여러분, 오늘은 로봇학 개론 첫 강의입니다. 어~ 세계 첫 산업용 로봇이 탄생하고, 반세기가 지납니다만, 현재는 의료, 복지 등 여러 분야에 활용되고 있습니다. 이번 학기 강의는, 주로 로봇 개발 역사와 전망에 대해서입니다. 강의는 다음 회부터 본론에 들어가고, 로봇의 정의부터 합니다만, 그 전에 이 첫 회 강의에서는 도입으로서 로봇의 사회적 사명에 대해서 생각하겠습니다. 어~, 로봇 공학을 전공하는 사람은 기계공학, 정보처리 지식이나 기능이라던지, 공부할 것이 산처럼 있습니다. 이 강의는 그것들의 기반이 되기 때문에, 제대로 합시다.
今日このあとの講義のテーマは何ですか。	오늘 이 뒤 강의 주제는 무엇입니까?
1. 世界初のロボットの誕生 2. ロボットの定義づけ 3. ロボットの社会的使命 4. ロボット制作に必要な情報処理	1. 세계 첫 로봇 탄생 2. 로봇의 정의 3. 로봇의 사회적 사명 4. 로봇 제작에 필요한 정보 처리

어휘 工学部(공학부) | 概論(개론) | 講義(강의) | 新入生(신입생) | ~初(~처음, 첫) | 産業用(산업용) | 誕生(탄생) | 半世紀(반세기) | 医療(의료) | 福祉(복지) | 分野(분야) | 活用(활용) | 今学期(이번 학기) | 歴史(역사) | 展望(전망) | 本題(본론, 중심이 되는 주제) | 定義づけ(정의 지음) | 導入(도입) | 処理(처리) | 使命(사명) | 技能(기능) | 基盤(기반)

해설 이번 학기 강의 테마와 오늘 강의에서 다루는 테마를 구분하여 듣는 것이 포인트이다. 선생님은 이번 학기는 주로 로봇 개발 역사와 전망에 대해서 강의할 예정이지만, 오늘 강의에서는 도입으로서 로봇의 사회적 사명에 대해서 생각하자고 말하고 있다. 따라서, 정답은 3번이다.

5번 정답 4

ラジオで専門家がある遺跡について話しています。専門家はこの遺跡の発見で、どんなことが最も重要だと言っていますか。	라디오에서 전문가가 어떤 유적에 대해서 이야기하고 있습니다. 전문가는 이 유적 발견에서, 어떠한 것이 가장 중요하다고 이야기하고 있습니까?
F:えー、昨年発見されたみどり山遺跡は、五千年ほど前の古代集落です。建物や道の跡が発掘され、その規模は過去に発見された同時期の集落よりもずっと大きく、国内最大級の大川田遺跡に次ぐものです。えー、狩猟の道具や土器も見つかり、道具を作る高度な技術がうかがえます。そして、出土した植物の種のDNA分析から、この時代にある程度の規模で農作物の栽培が行われていたことが分かりました。これまでは、五千年前というと野生の木の実や草を採集して食べていたと考えられてましたから、これは今までの常識を覆す大発見といえます。	F:어~, 작년에 발견된 미도리야마 유적은 5천년 정도 전의 고대 집락입니다. 건물이나 도로 흔적이 발굴되어, 그 규모는 과거에 발견된 같은 시기 집락보다 훨씬 크고, 국내 최대급 오카와다 유적을 잇는 것입니다. 어~, 수렵 도구나 토기도 발견되어, 도구를 만드는 고도한 기술을 엿볼 수 있습니다. 그리고, 출토된 식물 씨앗의 DNA 분석에서, 이 시대에 어느 정도 규모로 농작물 재배가 행해지고 있었던 것을 알 수 있습니다. 지금까지는 5천년 전이라고 하면 야생 나무 열매나 풀을 채집해서 먹고 있었다고 생각되었기 때문에, 이것은 지금까지의 상식을 뒤엎는 큰 발견이라고 할 수 있습니다.
専門家はこの遺跡の発見で、どんなことが最も重要だと言っていますか。	전문가는 이 유적 발견으로, 어떠한 것이 가장 중요하다고 말하고 있습니까?
1. 集落のいせきとして国内最古のものであること 2. 国内のいせきの中で規模が最も大きいこと 3. 高度な技術で作った道具が見つかったこと 4. 食料として作物を育てていたことがわかったこと	1. 집락의 유적으로서 국내 최고의 것인 것 2. 국내 유적 중에서 규모가 가장 큰 것 3. 고도의 기술로 만든 도구가 발견된 것 4. 식량으로서 작물을 재배하고 있었던 것을 알 수 있는 것

어휘 専門家(전문가) | 遺跡(유적) | 発見(발견) | 昨年(작년) | 古代(고대) | 集落(집락) | 最大級(최대급) | 跡(자취, 흔적) | 次ぐ(다음가다, 뒤를 잇다) | 狩猟(수) | 道具(도구) | 土器(토기) | 高度(고도) | 出土(출토) | 農作物(농작물) | 栽培(재배) | 野生(야생) | 常識(상식) | 覆す(뒤엎다) | 採集(채집)

해설 이번 발견으로 알게 된 것 중에서도 가장 큰 발견을 구분해서 듣는 것이 포인트인데, 마지막 부분 「これが今までの~(이것이 지금까지의~)」에서 지시어가 가리키는 내용을 파악할 수 있으면 쉽게 정답을 찾을 수 있다. 지시어는 앞 문장의 "농작물 재배가 행해진 것"을 가리키고 있으므로 정답은 4번이 된다.

6번 정답 1

市役所で職員と都市開発の専門家が開発案を見ながら話しています。この案の中で専門家は何について見直したほうがいいと言っていますか。	시청에서 직원과 도시개발 전문가가 개발안을 보면서 이야기하고 있습니다. 이 안 중에서 전문가는 무엇에 대해서 다시 검토하는 편이 좋다고 말하고 있습니까?

F: 小林先生、先月お送りした中央地区の再開発案、見ていただけましたでしょうか。今日は率直なご意見、ご助言を賜りたいと。 M: ええ、拝見しました。十分検討された案だと思います。が、ひとつ。通学路の安全性についてですが、歩道の幅を広げるといったことだけでなく、もっと道路の見通しをよくするよう、例えば、一部電柱を撤去するとかですね、若干検討の余地があるかと。 F: ああ、はい。 M: 全体的にはこの案はよく練られていて。あのう、歩道の街灯を増やすという案も防犯面の問題点が見直されていて、十分に検討がなされていると思いますし。えー、それから、住民の交流の場となる施設の新設というのが計画に盛り込まれていますが。 F: あ、はい。 M: これは災害時の避難場所としての役割も果たすということで、正直、これまでそうした施設がなかったことには若干驚きましたが、ぜひともこの機に設置すべきですね。まあ、見直したほうがいい点はさきほど申し上げたことぐらいですかね。 F: はい。その点につきましては、再検討したいと思います。	F: 고바야시 선생님, 지난 달 보내드린 중앙 지구 재개발안 봐 주셨을까요? 오늘은 솔직한 의견, 조언을 받고 싶어서…… M: 네, 봤습니다. 충분히 검토된 안이라고 생각합니다. 하지만, 하나, 통학로 안전성에 대해서입니다만, 보도 폭을 넓힌다는 것 뿐만이 아니라, 더 도로 조망을 좋게 하도록, 예를 들자면 일부 전봇대를 철거한다던가 말이죠, 약간 검토의 여지가 있을까, 하고. F: 아~. 네. M: 전체적으로는 이 안은 잘 짜여져 있어서. 음, 보도 가로등을 늘린다는 안도 방범면의 문제점이 다시 검토되고 있어서, 충분히 검토가 되어 있다고 생각하고, 저, 그리고, 주민의 교류 장소가 되는 시설의 신설이라는 것이 계획에 담겨 있습니다만. F: 네. M: 이것은 재해 시의 피난 장소로서의 역할도 한다는 것으로, 솔직하게, 지금까지 그러한 시설이 없었던 것에 약간 놀랐습니다만, 꼭 이 기회에 설치해야만 하겠네요. 뭐, 다시 검토하는 편이 좋은 점은 조금 전 말씀드린 것 정도겠네요. F: 네, 그 점에 관해서는 재검토하고 싶습니다.
この案の中で専門家は何について見直したほうがいいと言っていますか。	이 안 중에서 전문가는 무엇에 대해서 다시 검토하는 편이 좋다고 말하고 있습니까?
1. 安全性を確保した通学路にすること 2. 防犯のために街灯の数を増やすこと 3. 住民が交流できる施設を建てること 4. 災害時の避難場所を作ること	1. 안전성을 확보한 통학로로 할 것 2. 방범을 위해서 가로등 숫자를 늘릴 것 3. 주민이 교류할 수 있는 시설을 세울 것 4. 재해 시 피난 장소를 만들 것

어휘 率直(솔직) | 助言(조언) | 賜る(내려받다) | 拝見(보다, 겸양어) | 歩道(보도) | 幅(폭) | 見通し(전망, 예측) | 電柱(전봇대) | 撤去(철거) | 余地(여지) | 練る(계획 등을 짜다) | 街灯(가로등) | 防犯(방범) | 施設(시설) | 新設(신설) | 盛り込む(포함시키다, 가득 담다) | 避難場所(피난장소) | 若干(약간)

해설 전문가가 이 안에서 재고하는 편이 좋다고 말하고 있는 것은 통학로 안전성을 확보하는 방법에 대해서이고, 주민 교류가 되는 장소의 신설에 대해서는 지금까지 그런 장소가 없었다는 것에 놀랐다고 말하고 있다. 문제에서 "다시 검토하는 것이 좋다고 생각하는 것"에 대해서 묻고 있으므로 정답은 1번이다.

7번 정답 2

大学で男の学生と女の学生が選挙について話しています。男の学生は投票率が前回より下がったのはどうしてだと言っていますか。	대학교에서 남학생과 여학생이 선거에 대해서 이야기하고 있습니다. 남자 학생은 투표율이 지난 번보다 내려간 것은 왜라고 말하고 있습니까?
M : 先週の知事選挙、現職の知事が辛くも再選だったね。投票行った？	M : 지난 주 지사 선거, 현직 지사가 간신히 재선되었지. 투표 갔어?
F : うん。行ったよ。	F : 응, 갔어.
M : 僕も行ったけど、今回の選挙は、前回と比べて随分投票率下がったみたいだね。別に政治に関心がない人が多いってわけじゃないと思うんだけど、今回は候補者3人の訴えがどれも似たり寄ったりで。あれじゃ、だれがやっても同じってみんな諦めたんだよ。	M : 나도 갔지만, 이번 선거는, 지난번에 비해서 상당히 투표율 내려간 것 같아. 그다지 정치에 관심이 없는 사람이 많다는 건 아니라고 생각하는데, 이번에는 후보자 3명의 호소가 어느 것이나 비슷비슷해서. 저러면, 누가 해도 같다고 모두 포기한 걸 꺼야.
F : 選挙前は現職知事の支持率低迷してたわけだし、新人候補はチャンスだったのにね。今回は、選挙の時期も悪かったよね。投票が年末なんて。みんな忙しいのに。	F : 선거 전은 현직 지사 지지율 침체되어 있었고, 신인 후보는 찬스였는데 말이야. 이번에는 선거 시기도 나빴지. 투표가 연말이라니. 모두 바쁜데.
M : ニュースでも年末じゃなければもっと投票率高かったはずだって言ってたけど、確か前回の選挙だって、年末だったよ。	M : 뉴스에서도 연말이 아니면 더 투표율 높았을 터라고 말하고 있었지만, 확실히 지난번 선거도 연말이었어.
F : そっか。じゃ、そういう問題じゃなさそうだね。	F : 그렇구나. 그럼, 그런 문제가 아닐 것 같네.
男の学生は投票率が前回より下がったのはどうしてだと言っていますか。	남자 학생은 투표율이 지난 번보다 내려간 것은 왜라고 말하고 있습니까?
1. 政治に関心をもたない人が増えたから 2. 候補者間の主張の違いが不明確だったから 3. 現職の知事の勝利が確実だったから 4. 投票の時期が年末で忙しい人が多かったから	1. 정치에 관심을 갖지 않는 사람이 늘었으니까 2. 후보자 간의 주장 차이가 불명확했으니까 3. 현직 지사 승리가 확실했으니까 4. 투표 시기가 연말로 바쁜 사람이 많았으니까

어휘 投票率(투표율) | 選挙(선거) | 知事(지사) | 辛くも(겨우, 간신히) | 再選(재선) | 政治(정치) | 候補者(후보자) | 似たり寄ったり(비슷비슷함) | 支持率(지지율)

해설 투표율이 하락한 이유에 대해 여자 학생과 남자학생이 생각하고 있는 이유가 다른 것에 주목해야 한다. 남자 학생은 후보 4명의 주장이 비슷했다는 점을 들고 있으며, 여자 학생은 투표 시기가 좋지 않다고 말하고 있다. 이 중에서 남자 학생의 생각을 찾아야 하므로 정답은 2번이다.

問題3 / 문제3

問題3では、問題用紙に何も印刷されていません。この問題は、全体としてどんな内容かを聞く問題です。話の前に質問はありません。まず話を聞いてください。それから、質問とせんたくしを聞いて、1から4の中から、最もよいものを一つ選んでください。

문제3에서는 문제 용지에 아무것도 인쇄되어 있지 않습니다. 이 문제는, 전체적으로 어떤 내용인지를 듣는 문제입니다. 이야기 앞에 질문이 없습니다. 우선 질문을 들어주세요. 그리고 나서 이야기를 듣고, 문제용지 1에서 4 중에서 가장 좋은 것을 하나 골라 주세요.

예 정답 2

女の人が男の人に映画の感想を聞いています。	여자가 남자에게 영화 감상을 듣고 있습니다.
F：この間話してた映画、見に行ったんでしょ？　どうだった？ M：うん、すごく豪華だった。衣装だけじゃなくて、景色もすべて、画面の隅々までとにかくきれいだったよ。でも、ストーリーがな。主人公の気持ちになって、一緒にドキドキして見られたらもっとよかったんだけど、ちょっと単調でそこまでじゃなかったな。娯楽映画としては十分楽しめると思うけどね。	F：요 전에 이야기했던 영화, 보러 갔었지? 어땠어? M：응, 굉장히 호화로웠어. 의상 뿐만이 아니라, 경치도 모두, 화면 구석구석까지 좌우지간 예뻤어. 하지만, 스토리가 말야. 주인공 기분이 되어서 함께 두근두근 볼 수 있다면 좋았겠지만, 조금 단조로워서 거기까지 가지 않았어. 오락 영화로서는 충분히 즐길 수 있다고 생각하지만 말야.
男の人は映画についてどう思っていますか。	남자는 영화에 대해서 어떻게 생각하고 있습니까?
1. 映像も美しく、話も面白い **2. 映像は美しいが、話は単調だ** 3. 映像もよくないし、話も単調だ 4. 映像はよくないが、話は面白い	1. 영상도 아름답고, 영화도 재미있다. **2. 영상은 아름답지만 이야기는 단조롭다.** 3. 영상도 좋지 않고, 이야기도 단조로웠다. 4. 영상은 좋지 않지만, 이야기는 재미있다.

어휘 豪華(호화로운) | 景色(경치) | 隅々(구석구석) | 一緒に(함께) | 単調(단조로운) | 娯楽(오락) | 映像(영상)

해설 문제3 개요이해 파트에서는 전체적인 요지를 파악해 두는 것이 중요하다. 내용을 듣고 난 후 질문이 나오므로, 전체적인 특징이나 장단점, 내용의 요지를 확실히 파악해 두도록 하자. 역접의 접속사(「でも、けれども、しかし…(하지만)」), 또는 병렬이나 첨가의 접속사(「また、しかも、さらに…(또한, 게다가, 더욱이)」) 전후 문장에 화자가 하고 싶은 이야기나 주장이 요약되어 있는 경우가 많으니 주의해 들으면 좋다. 남학생은 여학생에게 영화의 좋은 점은 의상, 경치, 화면 구석구석까지 예뻤던 것을 들고 있으며, 나쁜 점은 스토리가 단조로웠다는 점을 들고 있다. 따라서 정답은 2번이 된다.

1번 정답 2

衣服の専門学校の授業で先生が話しています。

F：皆さんは服装を決めるとき、天気や出掛ける場所だけではなく、気分で服装を選ぶこともあると思います。また、反対に、身につけた服装や小物により、1日を気分よく過ごせることもあるでしょう。実際に、高齢者が装いに変化をつけ、ファッションに気を配ることで気持ちが前向きになったという研究結果があります。また、怪我が原因で入院し、リハビリ治療が必要な患者が、治療の一環として普段とは異なる華やかな服装にしたところ、心に張りが生まれ、リハビリ意欲が増したという報告もあります。このようなことが今注目されています。

先生の話のテーマは何ですか。

1. 服装を選ぶ際の判断基準
2. おしゃれをすることが心理状態にもたらす効果
3. 高齢者のおしゃれに対する関心の高さ
4. リハビリを行いやすい服装

의상 전문학교 수업에서 선생님이 이야기하고 있습니다.

F : 여러분은 복장을 정할 때, 날씨나 외출하는 장소 뿐만이 아니라, 기분으로 복장을 고르는 경우가 있을 것이라고 생각합니다. 또한, 반대로 몸에 걸친 복장이나 소품에 의해서, 하루를 기분 좋게 보낼 수 있는 일도 있죠. 실제로 고령자가 옷차림새에 변화를 주고, 패션에 주의하는 것으로 인해, 기분이 긍정적이 되었다는 연구 결과가 있습니다. 또한 부상이 원인으로 입원하여, 재활 치료가 필요한 환자가, 치료 일환으로 평상시와는 다른 화려한 복장을 했더니, 마음에 활기가 생겨, 재활 의욕이 높아졌다는 보고도 있습니다. 이러한 것이 지금 주목받고 있습니다.

선생님 이야기의 주제는 무엇입니까?

1. 복장을 고를 때의 판단 기준
2. 멋을 부리는 것이 심리 상태에 초래하는 효과
3. 고령자의 멋에 대한 관심의 크기
4. 재활을 하기 쉬운 복장

어휘 服装(복장) | 天気(날씨) | 出掛ける(외출하다) | 小物(소품) | 高齢者(고령자) | 装い(치장, 옷차림) | 前向き(긍정적) | 怪我(부상, 상처) | リハビリ(재활) | 治療(치료) | 一環(일환) | 華やか(화려한, 호화로운) | 意欲(의욕) | ～たところ(~했더니)

해설 마지막 「このようなことが今注目されています(이러한 것이 지금 주목받고 있습니다)」 부분에서 "이러한 것이 주목받고 있다"고 마무리 짓고 있는데, 지시어가 가리키는 내용을 파악하면 정답을 찾을 수 있다. 선생님은 고령자나 환자가 치료 일환으로 화려한 옷을 입었더니 마음에 활기가 생기고, 재활 의욕이 높아졌다는 보고가 있다는 점을 이야기하고 있다. 따라서 정답은 2번이다.

2번 정답 4

テレビで女の人が話しています。

F：最近は、珍しい外来種の動物や虫などを飼う人も多いようです。外来種とはもともと生きていた地域から異なる地域へ人の移動に伴って運ばれてきた生き物のことを言います。このような外来種のペットを最後まで世話をしきれずに、安易に捨てる人が増えています。それらが野生化して繁殖した結果、日本固有の生き物とえさ場や住む場所をめぐって争ったり、それまでになかった病気が広がり、生態系に深刻な影響をもたらしたりしているんです。生き物は責任をもって飼い、日

텔레비전에서 여자가 이야기하고 있습니다.

F : 최근에는 드문 외래종 동물이나 벌레 등을 기르는 사람도 많은 것 같습니다. 외래종이란 원래 살고 있던 지역에서 다른 지역으로 사람의 이동에 따라서 옮겨져 온 생물을 말합니다. 이러한 외래종 애완동물을 마지막까지 다 보살피지 못하고, 안이하게 버리는 사람이 늘고 있습니다. 그것들이 야생화하여 번식한 결과, 일본 고유의 생물과 먹이 장소나 사는 장소를 둘러싸고 경쟁하거나, 지금까지 없던 병이 퍼져서 생태계에 심각한 영향을 초래하거나 하고 있는 것입니다. 생물은 책임을 갖고 길러

本固有の生き物や日本の生態系を守もっていきたいものです。	서, 일본 고유의 생물이나 일본의 생태계를 지켜갑니다.
女の人は何について話していますか。	여자는 무엇에 대해서 이야기하고 있습니까?
1. 外来種を飼う人が増えている理由 2. 外来種が繁殖しやすい地域 3. 外来種がもたらした病気の種類 4. 外来種のペットが野生化したことによる問題	1. 외래종을 기르는 사람이 늘고 있는 이유 2. 외래종이 번식하기 쉬운 지역 3. 외래종이 초라한 병의 종류 4. 외래종 애완동물이 야생화한 것에 의한 문제

어휘 珍しい(드물다, 진귀하다) | 外来種(외래종) | 虫(벌래) | 飼う(기르다, 사육하다) | 世話(보살핌, 돌봄) | 安易(안이) | 野生化(야생화) | 繁殖(번식) | 生態系(생태계) | 深刻(심각) | もたらす(초래하다) | 責任(책임) | 守る(지키다, 보호하다)

해설 외래종의 정의, 외래종으로 인해 발생한 문제점, 화자의 주장의 순서로 설명한 뒤, 이야기의 테마에 대해서 묻는 문제 타입은 많이 출제된다. 특히, 과학이나 환경을 테마로 한 문제에서는 기승전결로 설명을 하는 경우가 많으므로, 이 순서대로 내용을 요약해 두면 좋다. 이 문제에서는 외래종, 그 중에서도 외래종이 야생화 한 결과 일본의 고유종에 영향을 미치고 있다는 것에 대해서 이야기하고 있으므로 정답은 4번이 된다.

3번 정답 3

テレビで博物館の人が話しています。	텔레비전에서 박물관 선생님이 이야기하고 있습니다.
M：歴史博物館の館内改装に際し、力を注いだのは、当館のメインとなっている100年前の町並を紹介するフロアです。当時の町並を精巧に再現した模型は改装以前から展示しておりましたが、この模型にスポットライトを用いて、通りや建物、人物などを際立たせるという演出を試みました。さらに、本物らしさを追求して、色や明るさ、照らす角度に変化をもたせることにより、昼夜の変化を描いております。当時の人々の暮らしぶりに思いをはせていただけるようにできたかと思っています。	M : 역사 박물관의 관내 개장에 즈음하여 힘을 쏟은 것은, 당 박물관의 메인이 되어 있는 100년 전 거리 풍경을 소개하는 층입니다. 당시 거리 풍경을 정교하게 재현한 모형은 개장 이전부터 전시하고 있었는데, 이 모형에 스포트 라이트를 사용하여, 거리나 건물, 인물 등을 눈에 띄게 한다는 연출을 시도했습니다. 더욱이, 진짜 다움을 추구하여, 색이나 밝기, 비추는 각도에 변화를 주게 하는 것에 의해, 주야 변화를 그리고 있습니다. 당시 사람들이 생활하는 모습에 생각에 잠길 수 있도록 만들어졌다고 생각하고 있습니다.
博物館の人は何について話していますか。	박물관 사람은 무엇에 대해서 이야기하고 있습니까?
1. 100年前の建物の特徴 2. 模型を精巧に作る難しさ 3. 展示物に当てる照明の工夫 4. 昔の人々の暮らしを展示する目的	1. 100년 전 건물 특징 2. 모형을 정교하게 만드는 어려움 3. 전시물에 비추는 조명의 궁리 4. 옛날 사람들의 생활을 전시할 목적

어휘 歴史(역사) | 博物館(박물관) | 注ぐ(쏟다, 붓다) | 町並み(거리의 모습, 풍경) | 紹介(소개) | 精巧(정교) | 再現(재현) | 模型(모형) | 改装(개장) | スポットライト(스포트라이트) | 際立たせる(눈에 띄게 하다) | 本物(진짜) | 思いをはせる(생각하다, 생각에 잠기다)

해설 박물관에서 소개하고 있는 모형, 그 모형에 최근 한 시도, 이 시도에 의한 영향에 대해 소개하고 있다. 박물관 사람은 최근에 100년전 마을의 모형에 스포트라이트를 비추어서 색이나, 밝기, 주야의 변화를 느끼게 할 수 있도록 하였다고 설명하고 있다. 즉, 전시물에 어떠한 궁리를 하였는지에 관하여 이야기하고 있으므로 정답은 3번이다.

4번 정답 3

テレビでレポーターが話しています。	텔레비전에서 리포터가 이야기하고 있습니다.
M：ここ、あさひ町はぶどうの産地として知られています。おいしいぶどうと豊かな自然を求めて、観光客が数多く訪れています。また、この地は音楽家を多数輩出したことでも知られています。音楽に関係の深いこの町ですが、最近はぶどうの木にこの土地で作られた曲を聞かせているそうなんです。そもそも農作業の合間に曲を聴いていた農家の人たちが、ふと、成長が早まりはしないかと思いつき、以後続けているそうです。この方策の効果については、適度な振動が枝の成長を促進する可能性があるとのことです。心地よい音色は農作業の疲れも癒してくれそうですね。	M：여기, 아사히촌은 포도 산지로 알려져 있습니다. 맛있는 포도와 풍부한 자연을 찾아, 관광객이 수 없이 많이 방문하고 있습니다. 또한 이 마을은 음악가를 다수 배출한 것으로도 알려져 있습니다. 음악과 관계가 깊은 마을입니다만, 최근에는 포도 나무에 이 토지에서 만들어진 곡을 듣게하고 있다고 합니다. 애초에 농작업 사이에 곡을 듣고 있던 농가 사람들이, 문득 생작이 빨라지지는 않을까? 생각해 내서, 이후 계속하고 있다고 합니다. 이 방책 효과에 관해서는 적절한 진동이 가지 성장을 촉진할 가능성이 있다는 것입니다. 마음이 편한 음색은 농작업의 피로도 치유해 줄 것 같습니다.
レポーターは何について伝えていますか。	리포터는 무엇에 대해서 전하고 있습니까?
1. ぶどうの栽培に必要な条件 2. 観光客を増やすための方策 3. 音楽を用いたぶどうの栽培の試み 4. 作業の疲れを癒すのに適した音楽	1. 포도 재배에 필요한 조건 2. 관광객을 늘리기 위한 방책 3. 음악을 사용한 포도 재배 시도 4. 작업 피로를 치유하는데 적합한 음악

어휘 産地(산지) | 排出(배출) | 多数(다수) | 最近(최근) | 合間(틈새, 짬) | 聴く(경청하다,귀 기울여 듣다) | 早まる(빨라지다) | 思いきや(~라 생각했더니) | 方策(방책) | 適度(적당) | 振動(진동) | 促進(촉진) | 音色(음색)

해설 「あさひ町(아사히촌)」이라는 마을의 특징(포도 산지, 음악가를 다수 배출)을 설명한 후, 포도 재배 시 음악을 들려 주고 있는 것과, 그 이유에 대해서 설명하고 있다. 따라서 정답은 3번이다.

5번 정답 1

ラジオで医者が話しています。	라디오에서 의사가 이야기하고 있습니다.
M：年を重ねるにつれて、体のさまざまなところに老化の症状が現れます。目も例外ではありません。レンズの役割をしている部分の弾力性が低下すると、この部分の厚みを変えることが難しくなり、目のピントを調節する機能が徐々に衰えます。近くのものがぼやけてみ	M：나이를 먹어 감에 따라 몸의 여러 부분에 노화 증상이 나타납니다. 눈도 예외는 아닙니다. 렌즈 역할을 하고 있는 부분의 탄력성이 저하되면, 이 부분의 두께를 바꾸는 것이 어려워지고, 눈의 초점을 조절하는 기능이 서서히 쇠퇴합니다. 가까운 물건이 흐릿하게 보이게 되

えるようになり、無理して見ようとすることで、目が疲れやすくなります。目の調節機能の衰えを止める方法はありませんが、目の筋肉を鍛え、血液の流れをよくすることで、目の疲れの症状を緩和することができます。また、目に負担をかけないためにも、必要に応じて、眼鏡をかけるなどするとよいでしょう。	어, 무리해서 보려고 하는 것으로 인해서, 눈이 피로해지기 쉬워집니다. 눈의 조절 기능 쇠퇴를 막을 방법은 없습니다만, 눈 근육을 단련하고 혈액 흐름을 좋게 하는 것으로 인해, 눈의 피로 증상을 완화할 수 있습니다. 또한, 눈에 부담을 가하지 않기 위해서도, 필요에 따라서 안경을 쓰는 등 하면 좋겠죠.
医者は何について話していますか。	의사는 무엇에 대해서 이야기 하고 있습니까?
1. 目の老化現象とその対処のしかた 2. 目が疲れたときの症状 3. 目の健康状態をチェックする方法 4. 症状に合った眼鏡の選び方	1. 눈의 노화현상과 그 대처 방법 2. 눈이 피로할 때의 증상 3. 눈의 건강 상태를 체크하는 방법 4. 증상에 맞는 안경을 고르는 법

어휘 年を重ねる(나이를 먹다, 해를 거듭하다) | 老化(노화) | 症状(증상) | 例外(예외) | 弾力性(탄력성) | 徐々に(서서히) | 衰える(쇠퇴하다) | 血液(혈액) | 緩和(완화) | 負担(부담) | 対処(대처) | 眼鏡(안경)

해설 의사는 눈의 노화 증상이 발생하는 원인, 노화에 대한 억제 방법에 대해서 설명하고 있다. 마지막 문장 "눈에 부담을 주지 않기 위해서라도 필요에 따라 안경을 쓰면 좋다"에서 정답이 1번이라는 것을 알 수 있다.

6번 정답 2

講演会で男の人が話しています。	강연회에서 남자가 이야기하고 있습니다.
M：私は長年さけの生態を調査、研究してきました。さけは川で生まれ、遠く離れた海で育ち、また生まれた川に帰って産卵し、その一生を終えます。川にはその川ごとの特有のにおいがあります。これまでの調査から、さけは川に帰る際、一つは、川のにおいを頼りとしていることが明らかになっています。しかし、さけは何千キロも離れた海まで移動するため、川のにおいだけを頼りにしているとは考えにくいのです。まだ明らかにされていないこともありますが、太陽の位置をもとに現在の位置を把握するなど、いくつかのことを併用していると考えられています。	M：나는 오랜 세월 연어의 생태를 조사, 연구해 왔습니다. 연어는 강에서 태어나, 멀리 떨어진 바다에서 자라고, 또 태어난 바다에 돌아와서 산란하고, 그 일생을 마칩니다. 강에는 그 강마다 특유의 냄새가 있습니다. 지금까지 조사에서, 연어는 강에 돌아올 때, 하나는, 강 냄새를 의지하고 있는 것이 밝혀져 있습니다. 하지만, 연어는 몇 천 킬로미터나 떨어진 바다까지 이동하기 위해서, 강 냄새 만을 의지하고 있다고는 생각하기 어려운 것입니다. 아직 밝혀져 있지 않은 것도 있습니다만, 태양 위치를 토대로 현재 위치를 파악하는 등, 몇 개인가를 병용하고 있다고 생각되고 있습니다.
男の人は何について話していますか。	남자는 무엇에 대해서 이야기하고 있습니까?
1. さけが川から海へ移動する理由 2. さけが生まれたところに戻る方法 3. さけが好む、川のにおいの特徴 4. さけが育つ川の環境を保護する必要性	1. 연어가 강에서 바다로 이동하는 이유 2. 연어가 태어난 곳으로 돌아가는 방법 3. 연어가 좋아하는 강 냄새의 특징 4. 연어가 자라는 강의 환경을 보호할 필요성

어휘 長年(오랜 세월) | 産卵(산란) | 一生(평생, 일생) | 特有(특유) | 頼る(의지하다) | 把握(파악) | 併用(병용) | 好む(좋아하다, 바라다)

해설 연어의 생태, 태어난 강으로 다시 돌아올 수 있는 이유에 대해서 설명하고 있다. 남성은 연어가 태어난 강으로 돌아오는 방법으로서, 1) 강의 냄새 2) 태양의 위치 등 몇 개인가를 병용하고 있다고 생각되고 있다고 설명하고 있으므로 정답은 2번이다.

問題4 / 문제4

問題4では、問題用紙に何も印刷されていません。まず文を聞いてください。それから、それに対する返事を聞いて、1から3の中から、最もよいものを一つ選んでください。

문제4에서는 문제 용지에 아무것도 인쇄되어 있지 않습니다. 이 문제는 우선 문장을 들어주세요. 그리고 나서 거기에 대한 대답을 듣고, 1에서 3중에서 가장 좋은 것을 하나 골라 주세요.

예 정답 3

M : ああ、今日は、お客さんからの苦情が多くて、仕事にならなかったよ。	M : 아~아, 오늘은 손님한테서 클레임이 많아서 일이 되지 않았어.
F : 1. いい仕事、できてよかったね。 2. 仕事、なくて大変だったね。 3. お疲れさま、ゆっくり休んで。	F : 1. 좋은 일, 해서 좋았겠네. 2. 일, 없어서 큰일이었네. 3. 수고 했어, 푹 쉬어.

어휘 苦情(클레임, 고충, 민원) | 大変(힘든) | ゆっくり(천천히)

해설 문제4 즉시 응답 파트에서는 회화에서 관용적으로 쓰이는 표현이나, 문법 표현을 이해하고 있는지가 포인트이다. 특히, N1 시험에서는 조금 어려운 어휘 표현이나 문법 표현을 이해하고 사용할 수 있는지를 묻는 문제가 많이 출제되니, 문법 파트와 연결하여 준비해 두는 것이 좋다. 예시 문제에서「仕事にならない(일이 되지 않는다)」는 표현은 "잡무나 방해되는 것이 있어서 해야만 하는 일을 할 수 없다, 집중할 수 없다"는 의미로, 바르게 대답한 것은 3번이 된다.

1번 정답 2

F : 経理部の森田さんって、仕事のかたわら大学院に行ってるんですって。	F : 경리부 모리타 씨는, 일하는 한편, 대학원에도 다니고 있대.
M : 1. へえ、大学の経理を担当してるの? 2. へえ、両立してるなんてすごいね。 3. へえ、会社辞めて大学院に行くんだ。	M : 1. 정말? 대학교 경리를 담당하고 있어? 2. 정말? 양립하고 있다니 굉장하네. 3. 정말? 회사 그만두고 대학원 가는 구나.

어휘 経理部(경리부) | かたわら(~와 동시에, ~하는 한편) | 両立(양립)

해설 「A かたわら B(A 하는 한편 B)」는 'A를 하면서, 동시에 B를 하다'는 것을 나타내는데, A와 B가 오랜 시간에 걸쳐 동시에 진행되고 있을 때 사용하는 표현이다. 질문에서 "모리타 씨는 일하는 한편 대학원에 다니고 있다"고 했으므로 올바른 대답은 2번이 된다.

2번 정답 3

M：リーさん、リーさんのレポート、結論のとこ、もっとすっきりできないものかな。	M：리 씨, 리 씨 리포트, 결론 부분, 더 깔끔하게 안 될까?
F：1. これじゃ、すっきりしすぎなんですね。 　　2. あの、できそうにないでしょうか？ 　　**3. もう一度見直して、修正します。**	F：1. 이러면, 너무 깔끔한데요. 　　2. 저, 가능할 것 같지 않죠? 　　**3. 다시 한번 검토하고, 수정하겠습니다.**

어휘 すっきり(깨끗한, 말끔한) | 結論(결론) | 修正(수정)

해설 「すっきりする」는 '군더더기 없이 깔끔한 상태'를 나타내므로, "결론을 더 깔끔하게 안 될까?"라는 질문에 대해 올바르게 대답한 것은 3번이 된다.

3번 정답 2

M：新人の伊藤君がクレーム処理一人でやったって？頼もしいね。	M：신인인 이토 군이 클레임 처리 혼자서 했다고? 믿음직스럽네.
F：1. 本人によく注意しておきます。 　　**2. 新人といってもしっかりしてますよ。** 　　3. 経験が足りないので、しかたありませんよね。	F：1. 본인에게 잘 주의해 두겠습니다. 　　**2. 신인이라고 해도 야무져요.** 　　3. 경험이 부족하기 때문에, 어쩔 수 없어요.

어휘 クレーム(클레임) | 頼もしい(믿음직스럽다) | 注意(주의) | しっかりしている(야무지다, 든든하다, 똑부러지다)

해설 「頼もしい(믿음직스럽다)」는 '신뢰할 수 있다, 의지가 되고 마음이 든든하다'는 의미를 나타내므로 올바르게 답변한 것은 2번이 된다.

4번 정답 3

F：ねえ、結婚式を間近に控えた今の心境はどう？	F：저기, 결혼식을 직전으로 앞둔 지금 심경은 어때?
M：1. いえ、結婚やめませんよ。 　　2. 素晴しかったと思います。 　　**3. もうすでに緊張してますよ。**	M：1. 아니요, 결혼은 그만두지 않을 겁니다. 　　2. 훌륭하다고 생각합니다. 　　**3. 이미 벌써 긴장하고 있어요.**

어휘 間近(임박, 바로) | 控える(앞두다, 대기하다) | 心境(심경) | 素晴らしい(훌륭하다)

해설 「~に控える(~에 앞두다)」는 '어떤 일이나 순서에 대비하여 기다리다'는 의미를 나타내므로, "결혼식을 직전에 앞둔 지금의 심경"에 대한 답변으로 올바른 것은 3번이 된다.

5번 정답 1

F : 山本君、プレゼン聞いたよ。やるじゃない。	F : 야마모토 씨, 프레젠 들었어. 제법인데?
M : 1. 褒められると照れるな。	M : 1. 칭찬 받으니 부끄럽네.
2. 何をやるの？	2. 무엇을 할 거야?
3. やっぱりまずかったか。	3. 역시 안 좋았구나.

어휘 プレゼン(프레젠테이션) | 褒める(칭찬하다) | 照れる(부끄러워하다) | まずい(상황이 좋지 않다)

해설 「やるじゃない(제법인데?)」는 '예상 외의 성과를 낸 것에 대해서 칭찬'을 할 때 사용하는 표현이므로, 올바르게 답변한 것은 1번이 된다.

6번 정답 3

F : はじめての会議の司会じゃあるまいし、そんなに硬くならなくても。	F : 첫 회의 사회도 아닐 거고, 그렇게 굳어버리지 않아도.
M : 1. 初めてだからってこと？	M : 1. 처음이기 때문에라는 거야?
2. よかった。会議なくなったのか。	2. 다행이네, 회의가 없어졌구나.
3. 何回やっても慣れないんだよ。	3. 몇 번 해도 익숙해지지 않아.

어휘 司会(사회) | 硬い(표정 등이 굳다) | 慣れる(익숙해지다)

해설 「~じゃあるまいし(~가 아니고)」는 뒤에 '충고, 명령, 비난'하는 내용이 제시된다. 어떤 일에 대해서 실망했다는 기분을 나타내는 경우가 많은데, 「硬い(딱딱하다)」는 '긴장 등으로 굳어져 있는 모습'을 나타내므로, 올바른 답변은 3번이 된다.

7번 정답 3

M : 第一ビルの工事の見積書、作成して。前例を踏まえてね。	M : 다이이치 빌딩 공사 견적서 작성해, 전례를 토대로 해서.
F : 1. ああ、前回のも一緒に出すんですね。	F : 1. 아~, 지난번 것도 함께 내는군요.
2. あのう、前例はないんでしょうか。	2. 저어, 전례는 없는 걸까요?
3. はい、前のを参考にします。	3. 네, 이전 것을 참고로 하겠습니다.

어휘 見積書(견적서) | 前例(전례) | 踏まえる(고려하다, 근거로 하다) | 参考(참고)

해설 「前例(전례)」는 '앞에 든 예시'라는 의미이며, 「Aを踏まえてB」는 'A에 대해서 생각해서 B를 하다, A를 고려해서 B를 하다'는 의미를 나타내므로, 여기에서는 "앞에서 든 예시를 고려해서 견적서를 작성해라"는 의미가 되므로, 올바른 답변은 3번이 된다.

8번 정답 2

M：こないだ初めてサーフィンやったんだけど、もうやるもんかって思ったよ。	M：요전에 서핑 처음으로 해 보았는데, 두 번 다시 안 할거라고, 생각 했어.
F：1. そんなに楽しかったの？ 2. 1回でこりちゃった？ 3. じゃ、またやるつもり？	F：1. 그렇게 즐거웠어? 2. 1회에 질려 버렸어? 3. 그럼, 또 할 작정?

어휘 こないだ(요전, 일전) | サーフィン(서핑) | こりる(질리다, 데다)

해설 「もんか(~할까보냐)」는 강한 부정을 나타내는 반어법 표현으로, '절대로 ~하지 않겠다'는 의미가 된다. 여기에서는 "서핑은 절대로 다시 하지 않겠다"는 의미가 되므로, 올바르게 답변한 것은 2번이 된다.

9번 정답 1

M：ねえ、さっき会議で僕が言ったこと、気に障ったんじゃない？	M：저기, 조금 전 회의에서 내가 한 말, 신경에 거슬리지 않았어?
F：1. え、別にそんなことないよ。 2. え、うそだったの？　そんな。 3. え、よく聞こえてたけど。	F：1. 어? 별로 그렇지 않아. 2. 어? 거짓말이었어? 이런… 3. 어? 잘 들렸어.

어휘 気に障る(신경에 거슬리다) | 別に(별로, 그다지)

해설 「気に障る(신경에 거슬리다)」싫은 기분이 든다, 감정이 상하다'는 의미를 나타내므로, 올바르게 답변한 것은 1번이 된다.

10번 정답 2

F：武田君、頼んだ書類の整理そっちのけで何やってるの？	F：다케다 군, 부탁한 서류 정리 뒷전으로 돌리고 뭐 하고 있어?
M：1. もう整理、やる必要ないんですか。 2. あ、すみません。すぐやります。 3. え、そっちでやるんでしたっけ。	M：1. 또 정리, 할 필요 없습니까? 2. 어, 죄송합니다. 바로 하겠습니다. 3. 어? 그 쪽에서 하는 건가요?

어휘 書類(서류) | 整理(정리) | そっちのけ(뒷전으로 돌림)

해설 「そっちのけ」는 '해야 하는 것보다도 다른 것에 마음이 옮겨져 있는 모습'을 나타내므로, 올바르게 답변한 것은 2번이 된다.

11번 정답 3

M：リンさん、プロジェクトがうまくいった暁には、昇進だよ。	M：임 씨, 프로젝트가 잘 되면, 승진이야.
F：1. プロジェクト、うまくいったんですね。 　2. おかげさまで昇進できました。 　3. 必ず成功させてみせます。	F：1. 프로젝트, 잘 되었군요. 　2. 덕분에 승진했습니다. 　3. 반드시 성공시켜 보이겠습니다.

어휘 プロジェクト(프로젝트) | 暁 (그 날, 그 때) | 昇進(승진) | 成功 (성공)

해설 「暁(~할 때)」는 '어떤 바라고 있던 일이 성공, 실현 되었을 때'를 나타내는 표현으로, 일 회화보다는 공적인 장소나 비즈니스 장면에서 많이 사용되는 표현이다. "프로젝트가 잘 되었을 때에는 승진이다"는 대화에 대해서 올바르게 답변한 것은 3번이 된다.

12번 정답 1

F：この雨じゃイベントに来てくれる方も少ないと思いきや、完全に読みが外れましたね。	F：이 비면, 이벤트에 와 주는 분도 적을 거라고 생각했더니, 완전히 예측이 틀렸네요.
M：1. うれしい誤算でしたね。 　2. やはり雨の影響は大きかったですね。 　3. 天気予報が外れて、よかったですね。	M：1. 기쁜 오산이었어요. 　2. 역시 비 영향은 컸네요. 　3. 일기예보가 틀려서, 다행이네요.

어휘 イベント(이벤트) | 外れる(맞지 않다, 벗어나다) | 誤算(오산)

해설 「読み」에는 '사람의 마음이나 어떤 일의 과정을 예측하는 것'이라는 의미가 있어, 「読みが外れる」는 '예상이 벗어나다, 예측이 틀리다'는 의미가 된다. 따라서, 올바르게 답변한 것은 1번이 된다.

13번 정답 2

F：新年会、サッカー部の山田さん来なかったら、盛り上がらなかっただろうね。	F：신년회, 축구부 야마다 씨가 오지 않았다면, 분위기 고조되지 않았을 거야.
M：1. 山田さんのせいにしちゃ悪いよ。 　2. 山田さんが来てくれてよかったよね。 　3. 山田さんも参加してたんじゃない？	M：1. 야마다 씨 탓으로 해 버리면 안 좋아. 　2. 야마다 씨가 와 주어서 다행이네. 　3. 야마다 씨도 참가하고 있었잖아?

어휘 新年会(신년회) | 盛り上がる(분위기가 고조되다)

해설 「盛り上がる」는 '분위기나 기분, 기세가 한층 더 높아지다'는 의미로, 여기에서는 '야마다 씨가 와서 분위기가 좋아졌다'는 의미가 된다. 따라서, 올바르게 답변한 것은 2번이 된다.

14번 정답 3

M : 昨日8歳の孫とアニメ見たんだけど、大人の鑑賞にも十分耐えるもんでしたよ。	M : 어제 8살 손자와 애니메이션 봤는데, 어른이 감상하기에도 충분한 것이었어.
F : 1. そのアニメ、お孫さんには難しすぎたんですね。 2. ずっと我慢してアニメを見ていたんですか。 3. アニメはもはや子供のものとは言えないらしいですよ。	F : 1. 그 애니메이션, 손자분에게는 너무 어려웠군요. 2. 쭉 참고 애니메이션을 보고 있었나요? 3. 애니메는 이미 어린이용이라고 할 수 없는 것 같아요.

어휘 鑑賞(감상) | 我慢(참음) | 孫(손자) | 耐える(참다, 버티다)

해설 「~に耐える」는 '~할 가치가 있다'는 의미로, 여기에서는 '어른도 충분히 감상할 가치가 있다'는 의미가 되므로, 올바르게 답변한 것은 3번이 된다.

問題5 / 문제5

問題5では、長めの話を聞きます。この問題には練習はありません。
問題用紙にメモをとってもかまいません。

문제5에서는 긴 이야기를 듣습니다. 이 문제에는 연습은 없습니다.
문제 용지에 메모를 해도 상관 없습니다.

1番、2番 / 1번, 2번

問題用紙に何も印刷されていません。まず話を聞いてください。それから、質問とせんたくしを聞いて、1から4の中から、最もよいものを一つ選んでください。

문제 용지에 아무것도 인쇄되어 있지 않습니다. 우선 이야기를 들어 주세요. 그리고 나서 질문과 선택지를 듣고, 1에서 4 중에서 가장 좋은 것을 하나 골라 주세요.

1번 정답 2

会社で男の人と女の人が話しています。 M : 中山さん、この前マッサージの店の話してたよね。パソコンの使いすぎなのか、肩の痛みに悩まされていて。会社から近いところ知らない？定時の6時に会社を出れば間に合うところがいいんだけど。それで、行った人の感想が分かってると安心できていいな。あと、できれば料金はあまり高くないほうが。	회사에서 남자와 여자가 이야기하고 있습니다. M : 나카야마 씨, 요전 마사지 가게 이야기하고 있었지? 컴퓨터를 너무 많이 사용한 건지, 어깨 통증에 시달리고 있어서. 회사에서 가까운 곳 모를까? 정시 6시에 회사를 나가면 시간에 맞는 곳이 좋은데. 거기에다 간 사람의 감상을 알고 있으면 안심할 수 있어서 좋겠어. 그리고, 가능하면 요금은 별로 비싸지 않은 편이.

F：そうですか。会社から10分のところに「スッキリ」という店があります。以前通ってましたが、料金も手頃ですし、元スポーツトレーナーが理論に基づいてやってます。腕も確かです。ただ、店は6時半までなんで、早退したほうが無難かもしれません。
M：中山さんが行ってたとこなら、安心だな。
F：それから、私の友人が通っていた「さわやか堂」という店も昔からある店でいいみたいです。凝りをほぐしてもらうとき、ちょっと痛いらしいんですが、肩こりが治ったそうですよ。ここは9時半までで会社からは5分です。相場より若干高いそうですけど。
M：へえ。
F：そういえば、会社から数分のところに「山川クリニック」って病院ありますよね。行ったことはないんで、よく分かりませんが、病院は健康保険が適用されるかもしれないから、治療費は安くすむんじゃないですか。私が定時で帰るときはまだやってますよ。
M：そうか。
F：あと、会社から20分かかりますが「太陽」という店があります。リラックスできるとネットで評判がいいんです。良心的な値段ということもあって、人気みたいですよ。時間は8時までです。
M：やっぱり行った人の感想が分かってるほうがいいな。会社から近くて、定時で帰れば確実に間に合うってことを優先するか。料金のことはこの際おいといて。ありがとう。今日行ってみるよ。

F：그렇습니까? 회사에서 10분 거리에 '개운'이라는 가게가 있어요. 이전에 다니고 있었는데, 요금도 적당하고, 전 스포츠 트레이너가 이론을 토대로 하고 있어요. 기술도 확실합니다. 단지, 가게는 6시 반까지이기 때문에, 조퇴하는 편이 무난할지도 몰라요.
M：나카야마 씨가 간 곳이라면, 안심이야.
F：그리고, 제 친구가 다니고 있었던 '상쾌당'이라는 가게도 옛날부터 있는 가게로 좋은 것 같아요. 근육이 뭉친 걸 풀어 받았을 때, 조금 아팠다고 하는데, 어깨 뭉침이 나았다고 합니다. 여기는 9시 반까지이고 회사에서 5분입니다. 시세보다 약간 비싸다고 하지만.
M：흠….
F：그러고 보니, 회사에서 몇 분 거리에 '야마카와 클리닉'이라는 병원 있죠? 간 적 없기 때문에, 잘 모르겠지만, 병원은 건강보험이 적용될지도 모르니까, 치료비는 싸지 않을까요? 내가 정시에 집에 갈 때는 아직 하고 있었어요.
M：그렇군.
F：그리고, 회사에서 20분 걸리는데 '태양'이라는 가게가 있습니다. 릴렉스 된다고 인터넷에서 평판이 좋아요. 양심적인 가격이라는 것도 있어서 인기인 것 같아요. 시간은 8시까지입니다.
M：역시 간 사람의 감상을 알고 있는 편이 좋겠어. 회사에서 가깝고 정시에 가면 확실히 시간에 맞출 수 있다는 것을 우선시할까? 요금은 이 참에 제쳐 두고. 고마워, 오늘 가 볼께.

男の人はどこに行くことにしましたか。	남자는 어디에 가기로 했습니까?
1. スッキリ	1. 개운
2. さわやか堂	**2. 상쾌당**
3. 山川クリニック	3. 야마카와 클리닉
4. 太陽	4. 태양

어휘 マッサージ(마사지) | 定時(정시) | 間に合う(시간에 맞추다) | 感想(감상) | 手頃(적당한, 적합한) | 早退(조퇴) | 無難(무난) | 凝り(근육 뭉침) | ほぐす(풀다) | 若干(약간) | 相場(시세) | 適用(적용) | リラックス(릴랙스) | 優先(우선) | この際(이 때, 이 기회에)

해설 통합이해 파트는 긴 대화를 듣고 전체 내용을 이해해야 하므로, 집중력과 각 테마별로 특징을 구분해서 메모해 두는 것이 중요하다. 대체로, 첫 대화에서 질문하는 사람이 드는 포인트를 항목별로 정리해 두면 좋다. 이 문제에서는 여자가 마사지 가게에 대해서 설명하고 있는데, 각 마사지 가게를 가 본 사람의 감상, 영업 시간, 가격을 메모해 두어야 한다. 마지막 대화에서 남자는 '회사에서 정시에 퇴근 후에도 갈 수 있는 곳'을 조건으로 들고 있으므로 정답은 2번 상쾌당이 된다.

2번 정답 2

食品の会社で上司と社員二人が話しています。	식품 회사에서 상사와 사원 두 명이 이야기하고 있습니다.
M1 : 3年前に発売した鶏肉の缶詰、売り上げが横ばいだから、何とかしたいんだ。何かいい案はないかな。	M1 : 3년 전에 발매한 닭고기 통조림, 매출이 보합세라서, 어떻게든 하고 싶은데. 무언가 좋은 안은 없을까?
F : そうですね。発売直後はテレビコマーシャルのおかげで、一気に人気が出ましたよね。またやってみるっていうのはどうでしょう。人気の俳優やタレントを起用して。	F : 으음~, 발매 직후는 텔레비전 선전 덕분에 한꺼번에 인기가 나왔었죠. 또 해 본다는 건 어떨까요? 인기 배우나 탤런트를 기용해서.
M1 : そうだな。みんなに知ってもらえるし、効果は絶大だろうな。	M1 : 그래, 모두한테 알릴 수 있고 효과는 아주 크겠지?
M2 : ただ、うちぐらいの規模じゃ、新製品でもないのに大々的な広告は高くついて難しいんじゃないですか。有名人に出てもらうなら、なおさら。	M2 : 단지, 우리 정도 규모면, 신제품도 아닌데 대대적인 광고는 비싸게 들어서 어렵지 않을까요? 유명인에게 나와 받는다면, 더욱 더.
M1 : そうなんだよな。	M1 : 맞아.
F : じゃ、コンテストを開催するのはどうですか。うちの鶏肉の缶詰を使った料理のレシピを一般の方から公募して、結果をホームページとかに載せるんです。すでに味付けしてある商品ですが、いろんな料理にもアレンジできることをアピールできますし、テレビコマーシャルに比べたら、経費もぐっと抑えられると思います。	F : 그럼, 경연대회를 개최하는 건 어떨까요? 우리 닭고기 통조림을 사용한 요리 레시피를 일반 분에게서 공모해서, 결과를 홈 페이지라든가에 게재하는 거예요. 이미 양념이 된 상품이지만, 여러 요리에도 활용할 수 있는 것을 어필할 수 있고, 텔레비전 광고에 비하면 경비를 확 줄일 수 있다고 생각합니다.
M1 : なるほどね。	M1 : 그렇지.
M2 : それより僕はこの際、商品自体を改善するべきだと思います。味付け、発売当初からそのままですよね。健康志向のお客様も年々増えてますし、塩分量や調味料の配合を見直してみるとかどうですか。	M2 : 그것보다 저는 이 기회에 상품 자체를 개선해야 한다고 생각합니다. 양념, 발매 당초부터 그대로이죠? 건강 지향의 손님도 매 해 늘고 있고, 염분 양이나 조미료 배합을 다시 검토해 보는 건 어떨까요?
F : 今の味付けに慣れているお客様も多いと思いますけど。	F : 지금 양념에 익숙해져 있는 손님도 많다고 생각하는데요.
M1 : そうだよな。	M1 : 그건 그렇지.
M2 : じゃ、味のバリエーションを増やすのはどうですか。今は1種類のみですし、やってみる価値はあると思いますけど。	M2 : 그럼, 맛의 종류를 늘리는 것은 어떨까요? 지금은 1종류만이고, 해 볼 가치는 있다고 생각합니다만.
M1 : マンネリ化を防ぐためにはいいけど、それも費用がかさみそうだしな。やっぱりコストは抑えて、料理の幅の広さを知ってもらえる方法がよさそうだな。それで進めよう。	M1 : 매너리즘화를 막기 위해서는 좋지만, 그것도 비용이 들 것 같고. 역시 비용을 줄이고, 요리 폭이 넓다는 것을 알게 하는 방법이 좋을 것 같아. 그걸로 추진하지.

정답 및 해설 (청해)

141

売り上げを伸ばすために、何をすることにしましたか。	매출을 늘리기 위해서, 무엇을 하기로 했습니까?
1. テレビでコマーシャルを放送する	1. 텔레비전에서 광고를 방송한다.
2. レシピのコンテストを行う	2. 레시피 경연을 실시한다.
3. 今ある商品の味を改善する	3. 지금 있는 상품 맛을 개선한다.
4. 味の種類を増やす	4. 맛 종류를 늘린다.

어휘 鶏肉(닭고기) | 缶詰(통조림) | 横ばい(보합) | テレビコマーシャル(텔레비전 광고) | 一気に(한꺼번에) | 起用(기용) | 絶大(아주 큼) | 大々的(대대적) | 公募(공모) | 載せる(싣다, 게재하다) | 味付け(양념) | 経費(경비) | 抑える(억제하다) | 発売(발매) | 調味料(조미료) | 配合(배합) | 費用(비용) | かさむ(많아지다, 불어나다) | 放送(방송) | コンテスト(콘테스트)

해설 매출을 올리는 법에 대해서 이야기 하고 있는데, 각각 대책으로 1) 대대적으로 광고를 하는 것 2) 경연 대회를 하는 것 3) 상품 자체를 개선하는 것 4) 맛의 종류를 늘리는 것을 들고 있다. 이 중에서 마지막에 "비용을 억제하고, 요리 폭이 넓다는 것을 어필"할 수 있는 방법이 좋겠다고 했으므로 정답은 2번 '레시피 경연을 실시한다'가 된다.

3番 / 3번

まず話を聞いてください。それから、二つの質問を聞いて、それぞれ問題用紙の1から4の中から、最もよいものを一つ選んでください。

우선 이야기를 들어 주세요. 그리고 나서 2개의 질문을 듣고, 각각 문제 용지 1에서 4 중에서 가장 좋은 것을 하나 골라 주세요.

3번 (1) 정답 1 (2) 정답 2

ラジオでアナウンサーが美術展について話しています。	라디오에서 아나운서가 미술전에 대해서 이야기하고 있습니다.
F1.：今日は四つの美術館で現在開催されているおすすめの美術展をご紹介します。 1 「富田美術館」では17世紀から19世紀にかけて描かれたヨーロッパの風景画展が行われています。ほとんどの作品は日本初公開の貴重なものです。19世紀に最盛期を迎えるまでの風景画の変遷を見ることができます。 2 「アーク美術館」は再生アート展です。空き缶や使用済みのペットボトルなど、廃棄された素材を使った作品が、見る者に訴えかけてきます。「秋山美術館」は森山隆回顧展です。生誕100年を記念し、開催されます。生涯を通して、人を描くことにこだわり続けた、その足跡をたどることができます。最後は、「ポニー美術館」の体感アート展です。展示された作品を、目で見るだけでなく、聞く、触れる、嗅ぐといった体験を通して	F1：오늘은 4개의 미술관에서 현재 개최되고 있는 추천 미술전을 소개하겠습니다. 1 "도미타 미술관"에서는 17세기부터 19세기에 걸쳐서 그려진 유럽 풍경화전이 실시되고 있습니다. 대부분의 작품은 일본 첫 공개인 귀중한 것입니다. 19세기에 전성기를 맞이하기까지의 풍경화 변천을 볼 수가 있습니다. 2 "아크 미술관"은 재생 아트전입니다. 빈 캔이나 이미 사용한 페트 병 등, 폐기된 소재를 사용한 작품이 보는 자에게 호소해 옵니다. "아키야마 미술관"은 모리야마 다카시 회고전입니다. 생탄 100년을 기념해서, 개최됩니다. 생애를 통해서 사람을 그리는 것에 계속 집착한, 그 발자취를 쫓을 수 있습니다. 마지막은 "포니 미술관" 체감 아트전입니다. 전시된 작품을 눈으로 보는 것 뿐만

楽しむことができます。

F2：加藤くん、次の週末、一緒にどれか見に行かない？

M：うん、いいね。一人の画家の描く絵がどんなふうに変化していくのかって、面白そうじゃない？

F2：私はそれよりもヨーロッパの風景画の変遷に興味あるな。日本に来るのは初めてってものも多いみたいだし、滅多に見られないだろうから、この機会に見ておきたいな。

M：うーん、確かに見るチャンスなかなかないと思うんだけど、 1 僕、景色だけっていうのはどうもね。

F2：そっか。じゃ、それは、私、会社の帰りにでも一人で行くことにするね。それ以外だったら、 2 捨てられたものがどんなふうになるかっていうのも興味あるんだけど。

M：それ、僕もメッセージ性があって面白そうって思った。じゃ、そこにする？あ、それか、いろいろな感覚を使うってのもあるね。

F2：それも実際に触ったりできて、楽しそうなんだけど、すごく人気だって聞いたよ。週末だときっと込んでるから、それは別の機会にしない？

M：そうだね。じゃ、決まり。週末楽しみだね。

이 아니고, 듣는다, 만진다, 냄새를 맡는다는 체험을 통해서 즐길 수 있습니다.

F2 : 가토 군, 다음 주말, 함께 무언가 보러 가지 않을래?

M : 응, 좋아, 한 명의 화가가 그린 그림이 어떤 식으로 변화해 가는지, 재미있을 것 같지 않아?

F2 : 나는 그것보다도 유럽 풍경화 변천에 흥미가 있어. 일본에 오는 것은 처음이라는 것도 많은 것 같고, 좀처럼 볼 수 없을 테니까, 이 기회에 봐 두고 싶어.

M : 음~, 확실히 볼 기회는 좀처럼 없을 거라고 생각하지만, 1 나, 경치만이라는 것은 아무래도 말이야.

F2 : 그래? 그럼, 그건, 나 회사 퇴근 길에라도 혼자서 가기로 할게. 그 이외라면, 2 버려진 것이 어떤 식으로 될까? 라는 것도 흥미가 있는데.

M : 그거, 나도 메시지성이 있어서 재미있을 것 같다고 생각 했어. 그럼 거기로 할까? 아, 그거 아니면, 여러 감각을 사용한다는 것도 있지?

F2 : 그것도 실제로 만지거나 할 수 있어서 재미있을 것 같지만, 굉장히 인기라고 들었어. 주말이면 분명히 붐빌 테니까. 그것은 다른 기회로 하지 않을래?

M : 그래. 그럼 결정. 주말 기대되네.

1. 富田美術館 2. アーク美術館 3. 秋山美術館 4. ポニー美術館	1. 도미타 미술관 2. 아크 미술관 3. 아키야마 미술관 4. 포니 미술관
質問1. 女の人は一人でどの美術館に行きますか。	질문1. 여자는 혼자서 어느 미술관에 갑니까?
質問2. 二人は、次の週末、どの美術館に一緒に行きますか。	질문2. 두 사람은, 다음 주말, 어느 미술관에 함께 갑니까?

어휘 美術館(미술관) 開催(개최) 風景画(풍경화) 最盛期(전성기) 変遷(변천) 廃棄(폐기) 素材(소재) 訴えかける(호소해 오다, 어필하다) 回顧(회고) 生誕(생탄) 生涯(생애) 体感(체감) 興味(흥미) 触る(만지다) 嗅ぐ(냄새를 맡다)

해설 개최되고 있는 4개 미술관의 특징을 파악해 두는 것이 중요하다. 3번은 질문이 2개이므로, 대화 내용을 가능한 꼼꼼히 메모해 두는 것이 좋다. 질문1에서 남성이 "경치만 보는 것은 조금…"이라고 하자, 여성이 혼자서 가겠다고 했으므로, 여성 혼자서 가는 것은 풍경화를 볼 수 있는 1번의 도미타 미술관이 된다. 질문2의 "두 명이 보러 가는 미술관"은, 마지막 부분의 대화에서 "버려지는 것이 어떤 식으로 되는지 궁금하다" "메시지성이 있어서 재미있다고 생각한다"고 했으므로, 정답은 2번 아크 미술관이 된다.

MEMO

日本語能力試験

JLPT 공식 문제집 Ver2.0 N1

청해 워크북

문제3

문제3에서는 문제 용지에 아무것도 인쇄되어 있지 않습니다. 이 문제는, 전체적으로 어떤 내용인지를 듣는 문제입니다. 이야기 앞에 질문이 없습니다. 우선 질문을 들어주세요. 그리고 나서 이야기를 듣고, 문제용지 1에서 4 중에서 가장 좋은 것을 하나 골라 주세요.

1번 정답 2

衣服の専門学校の授業で先生が話しています。

F：皆＿＿＿

先＿＿＿＿＿＿＿＿＿＿＿＿＿＿＿＿＿＿＿＿＿＿＿＿＿

1. ＿＿＿＿＿＿＿＿＿＿＿＿＿＿＿＿＿＿＿＿＿＿＿＿＿
2. ＿＿＿＿＿＿＿＿＿＿＿＿＿＿＿＿＿＿＿＿＿＿＿＿＿
3. ＿＿＿＿＿＿＿＿＿＿＿＿＿＿＿＿＿＿＿＿＿＿＿＿＿
4. ＿＿＿＿＿＿＿＿＿＿＿＿＿＿＿＿＿＿＿＿＿＿＿＿＿

2번 정답 4

テレビで女の人が話しています。

F：最＿＿＿

女＿＿＿＿＿＿＿＿＿＿＿＿＿＿＿＿＿＿＿＿＿＿＿＿＿

1. ＿＿＿＿＿＿＿＿＿＿＿＿＿＿＿＿＿＿＿＿＿＿＿＿＿
2. ＿＿＿＿＿＿＿＿＿＿＿＿＿＿＿＿＿＿＿＿＿＿＿＿＿
3. ＿＿＿＿＿＿＿＿＿＿＿＿＿＿＿＿＿＿＿＿＿＿＿＿＿
4. ＿＿＿＿＿＿＿＿＿＿＿＿＿＿＿＿＿＿＿＿＿＿＿＿＿

3번 정답 3

テレビで博物館の人が話しています。

M：歴＿＿

博＿＿＿＿＿＿＿＿＿＿＿＿＿＿＿＿＿＿＿＿＿＿＿＿＿

1. ＿＿＿＿＿＿＿＿＿＿＿＿＿＿＿＿＿＿＿＿＿＿＿＿＿
2. ＿＿＿＿＿＿＿＿＿＿＿＿＿＿＿＿＿＿＿＿＿＿＿＿＿
3. ＿＿＿＿＿＿＿＿＿＿＿＿＿＿＿＿＿＿＿＿＿＿＿＿＿
4. ＿＿＿＿＿＿＿＿＿＿＿＿＿＿＿＿＿＿＿＿＿＿＿＿＿

4번 정답 3

テレビでレポーターが話しています。

M：ここ、＿＿

レ＿＿＿＿＿＿＿＿＿＿＿＿＿＿＿＿＿＿＿＿＿＿＿＿＿

1. ＿＿＿＿＿＿＿＿＿＿＿＿＿＿＿＿＿＿＿＿＿＿＿＿＿
2. ＿＿＿＿＿＿＿＿＿＿＿＿＿＿＿＿＿＿＿＿＿＿＿＿＿
3. ＿＿＿＿＿＿＿＿＿＿＿＿＿＿＿＿＿＿＿＿＿＿＿＿＿
4. ＿＿＿＿＿＿＿＿＿＿＿＿＿＿＿＿＿＿＿＿＿＿＿＿＿

| 5번 | 정답 1 |

ラジオで医者が話しています。

M：年_____

_____
_____
_____
_____
_____
_____
_____
_____
_____
_____

医_____

1._____
2._____
3._____
4._____

| 6번 | 정답 2 |

講演会で男の人が話しています。

M：私_____

_____
_____
_____
_____
_____
_____
_____
_____
_____
_____

男_____

1._____
2._____
3._____
4._____

문제5

문제5에서는 긴 이야기를 듣습니다. 이 문제에는 연습은 없습니다.
문제 용지에 메모를 해도 상관 없습니다.

1번 정답 2

会社で男の人と女の人が話しています。

M：中山さん、この前マッサージの店の話してたよね。パソコンの使いすぎなのか、肩の痛みに悩まされていて。会社から近いところ知らない？定時の6時に会社を出れば間に合うところがいいんだけど。それで、行った人の感想が分かってると安心できていいな。あと、できれば料金はあまり高くないほうが。

F：そ

M：中

F：そ

M：へ

F：そ

M：そ

F：あ

M：や

男

1.
2.
3.
4.

2번 정답 2

食品の会社で上司と社員二人が話しています。

M1：3年

F：そ

M1：そ

M2：ただ、

M1：そ

F：じゃ、

M1：な

M2：そ

F：今

M1：そ

M2：じゃ、

M1：マ

売

1.
2.
3.
4.

3번 (1) 정답 1 (2) 정답 2

ラジオでアナウンサーが美術展について話しています。

F1：今

楽しむことができます。

F2：加

M：うん、

F2：私

M：うーん、

F2：そっか。

M：それ、

F2：そ

M：そ

1.
2.
3.
4.

質問1．女

質問2．二

日本語能力試験 解答用紙

N1 言語知識（文字・語彙・文法）・読解

JLPT 공식문제집 N1 ver2.0

受験番号 Examinee Registration Number

名前 Name

<ちゅうい Notes>

1. くろいえんぴつ(HB、No.2)でかいてください。
   (ペンやボールペンではかかないでください。)
   Use a black medium soft (HB or No.2) pencil.
   (Do not use any kind of pen.)
2. かきなおすときは、けしゴムできれいにけしてください。
   Erase any unintended marks completely.
3. きたなくしたり、おったりしないでください。
   Do not soil or bend this sheet.
4. マークれい Marking examples

よいれい Correct Example	わるいれい Incorrect Examples
●	⊘ ⊖ ◎ ○ ◐

問題 1

	1	2	3	4
1	①	②	③	④
2	①	②	③	④
3	①	②	③	④
4	①	②	③	④
5	①	②	③	④
6	①	②	③	④

問題 2

	1	2	3	4
7	①	②	③	④
8	①	②	③	④
9	①	②	③	④
10	①	②	③	④
11	①	②	③	④
12	①	②	③	④
13	①	②	③	④

問題 3

	1	2	3	4
14	①	②	③	④
15	①	②	③	④
16	①	②	③	④
17	①	②	③	④
18	①	②	③	④
19	①	②	③	④

問題 4

	1	2	3	4
20	①	②	③	④
21	①	②	③	④
22	①	②	③	④
23	①	②	③	④
24	①	②	③	④
25	①	②	③	④

問題 5

	1	2	3	4
26	①	②	③	④
27	①	②	③	④
28	①	②	③	④
29	①	②	③	④
30	①	②	③	④
31	①	②	③	④
32	①	②	③	④
33	①	②	③	④
34	①	②	③	④
35	①	②	③	④

問題 6

	1	2	3	4
36	①	②	③	④
37	①	②	③	④
38	①	②	③	④
39	①	②	③	④
40	①	②	③	④

問題 7

	1	2	3	4
41	①	②	③	④
42	①	②	③	④
43	①	②	③	④
44	①	②	③	④
45	①	②	③	④

問題 8

	1	2	3	4
46	①	②	③	④
47	①	②	③	④
48	①	②	③	④
49	①	②	③	④

問題 9

	1	2	3	4
50	①	②	③	④
51	①	②	③	④
52	①	②	③	④
53	①	②	③	④
54	①	②	③	④
55	①	②	③	④
56	①	②	③	④
57	①	②	③	④
58	①	②	③	④

問題 10

	1	2	3	4
59	①	②	③	④
60	①	②	③	④
61	①	②	③	④
62	①	②	③	④

問題 11

	1	2	3	4
63	①	②	③	④
64	①	②	③	④

問題 12

	1	2	3	4
65	①	②	③	④
66	①	②	③	④
67	①	②	③	④
68	①	②	③	④

問題 13

	1	2	3	4
69	①	②	③	④
70	①	②	③	④

日本語能力試験 解答用紙

N1 聴解